JN028272

Q&Aわかりやすい
"賃貸住宅の原状回復ガイドライン"再改訂版の解説と判断例（令和5年3月補訂）

著●弁護士　犬塚　浩

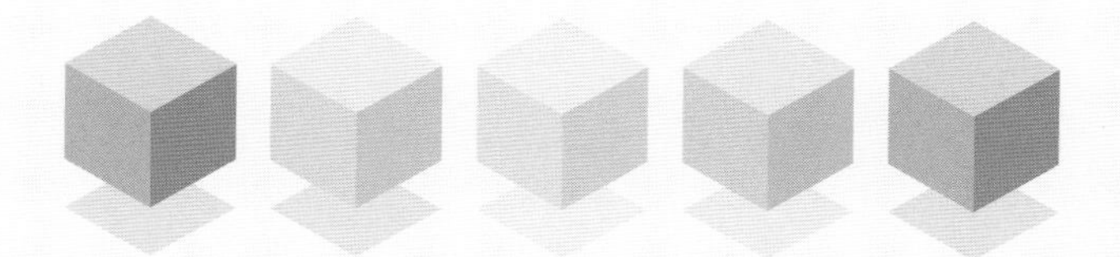

株式会社大成出版社

はしがき

「原状回復をめぐるトラブルとガイドライン」は、賃貸住宅の流通促進等を目的として、当時の建設省によって平成10年３月に取りまとめられ公表されました。

その後、平成14年３月に当職が国土交通省住宅局に設置された「賃貸住宅にかかわる紛争等の防止方策検討ワーキングチーム」の主査を担当し、新たな判例を加えて平成16年２月に改訂版を作成しました。

さらに平成22年、「原状回復ガイドライン検討委員会」において私は委員長代理ならびに副委員長として再改訂版の作成作業に携わり、記載内容の補足やＱ＆Ａを見直し、新しい裁判例の追加作業を行いました。

本書は、2004（平成16）年８月30日に改訂版の公表に際して第１版を発刊し、2011（平成23）年の再改訂版の公表に伴い、2012（平成24）年２月に第２版を発刊いたしました。

また、このたび国土交通省は「原状回復をめぐるトラブルとガイドラインに関する参考資料」（以下、「参考資料」といいます）を令和５年３月に発表したのに伴い令和５年補訂版として本書を発刊することにした次第です。

この参考資料は原状回復ガイドラインそのものを改訂したものではなく、あくまで再改訂版のガイドラインをより正確に理解することを目的とした資料であり、再改訂版のように新たにＱ＆Ａや判例を加えたものではありません。ただ、再改訂版の情報をより詳しくより丁寧に説明したものであり、ガイドラインの内容を理解するためには大変に役立つ資料です。

そこで本書においてもこの参考資料の位置付けを前提として再改訂版の補足説明（令和５年３月補訂）として発刊いたしました。

本書においては

「本ガイドライン」→　平成23年８月に公表された「原状回復をめぐるトラブルとガイドライン」（再改訂版）

「参考資料」→　令和５年３月に発表された「原状回復をめぐるトラブルとガイドライン」に関する参考資料

という用語を用いてご説明いたしております。

また参考資料においては、（公財）日本賃貸住宅管理協会、（一社）全国賃貸不動産管理業協会、（公社）全日本不動産協会の協力のもと会員事業者に対するアンケート調査、ヒアリング調査を実施しそのアンケート調査の報告をしており、これを

「令和４年アンケート」

という文言を用いて説明いたします。

なお、ガイドラインは「原状回復にかかるガイドライン（第１章）」の他に、「トラブルの迅速な解決にかかる制度（第２章）」「Ｑ＆Ａ」「原状回復にかかる判例の動向（第３章）」その他参考資料が添付されており、膨大な量になることから本書においては引用に留め、添付はしておりません。ただ、上記のＱ＆Ａについては17問にわたり、実務的な質問と回答が記載されておりますので、本書においても

「本ガイドラインＱ＆Ａ」→　原状回復ガイドラインに添付されたＱ＆Ａ

という用語でご説明をさせていただきます。

国土交通省のホームページ等から内容をご確認いただきつつお読みいただき、再改訂版のより深い理解にお役立ていただければと思います。

令和６年２月

弁護士　犬塚　浩

目 次
contents

〔Ⅰ〕 改訂のあらまし

〔Ⅱ〕 Q＆A

第5章　その他

【参考資料（令和５年３月）に関するＱ＆Ａ】

第６章 「原状回復をめぐるトラブルとガイドライン」に関する参考資料（令和５年３月）とは

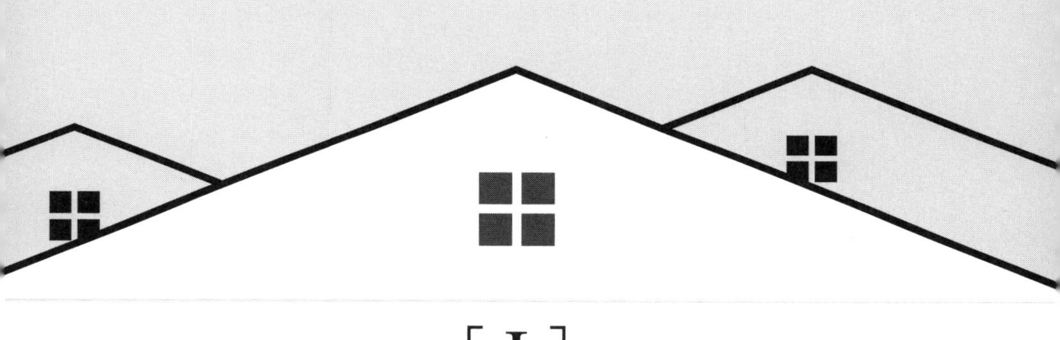

［Ⅰ］
改訂のあらまし

1　本ガイドラインの歴史

「原状回復をめぐるトラブルとガイドライン」は、賃貸住宅の契約終了時における原状回復の費用負担のあり方について、トラブル防止の観点から現時点で妥当と考えられる一般的な基準を示したもので、賃貸住宅管理の実務において広く浸透しているところです。

本ガイドラインは、かつて賃貸住宅の退去時における原状回復についてのトラブルが増加したことに鑑み、原状回復にかかわる契約関係、費用負担等のルールのあり方を明確にして賃貸住宅契約の適正な流通の促進を図ることを目的として、建設省（国土交通省）が平成8～9年度に「賃貸住宅リフォームの促進方策」を検討する過程において、「賃貸住宅リフォームの推進方策検討調査委員会（ソフト部会）」が平成10年3月にとりまとめ、公表したものです。

その後、平成14年3月に当職が「賃貸住宅にかかわる紛争等の防止方策検討ワーキングチーム」の主査を担当して各方面から意見を募集したうえで、新たな判例を加えて、平成16年2月に改訂版を作成・公表しています。

さらに6年後、原状回復をめぐるトラブルは、敷金・保証金等の返還と関連してより複雑化するとともに、社会資本制度審議会住宅宅地分科会民間賃貸住宅部会の「最終とりまとめ」（平成22年1月）においても、「原状回復ガイドラインを中心としたルールの見直し等が必要」との意見があり、平成21年度に「民間賃貸住宅の原状回復に関する検討調査委員会」（委員長升田純中央大学法科大学院法務研究科教授・弁護士、委員長代理当職）が本ガイドラインの改定に向けた基礎的資料の作成や課題の整理ならびに検討事項をまとめ、平成22年度に改めて升田教授を委員長、当職を副委員長とした「原状回復ガイドライン検討委員会」が設立され、平成23年3月に再改訂版が作成・公表されました。

2　本ガイドライン（平成23年８月）のポイント

(1)　トラブルの未然防止に関する事項についての別表等の作成

原状回復のトラブルを契約時に原状回復の条件を契約書に添付することによって賃貸人・賃借人の双方がその条件を十分に理解しておくため、修繕分担表・負担単位・施工目安単位を記載した「契約書に添付する原状回復の条件に関する書式（別表３）」を作成するとともに具体的な金額を算出するために原状回復費用の精算明細に関する書式（別表４）を作成しています。

(2)　経過年数を検討する上での残存価値割合の変更

従来、原状回復義務に基づく賃借人の費用負担を算出する際に、建物の経過年数に基づく減価割合について、法人税法（昭和40年３月31日法律第34号）および法人税法施行令（同政令第97号）における減価償却資産の考え方を採用し、減価償却資産の耐用年数等に関する省令（同大蔵省令第15号）における経過年数による減価割合を参考にして、償却年数経過後の残存価値は10%になるようにして計算してきましたが、平成19年の税制改正によって残存価値の考え方が廃止され、耐用年数経過時に残存簿価１円まで償却できるようになったことを踏まえ、耐用年数に応じて残存価値を１円となるような直線（または曲線）を想定して負担割合を算定することになりました。例えば、畳床・カーペット・クッションフロア・クロス等耐用年数６年のものについては６年で残存価値１円となるような直線（または曲線）を描いて経過年数により賃借人の負担を決定することになりました。なお、耐用年数については、５年・６年・８年・15年のものについてそれぞれ記載がなされるとともに、経過年数を考慮しないものについても、従来と同様に記載してあります。

(3)　Ｑ＆Ａ、裁判事例の追加

一般消費者が参考にすると思われるＱ＆Ａについて、質問事項を増やしたうえで、回答内容についても従来より詳細な内容に改訂し、消費者にとって使いやすいものにしました。

また、裁判事例についても、従来の21事例に、新たに21事例を加えて42事例としたうえで、最高裁判決を含めた各事例の分析を行い、判例の要約として一般消費者にもわかりやすくまとめました。

⑷　実務対応について

再改訂版（平成23年８月）は、前回版より６年が経過していることから多くの裁判例の内容を反映していますが、これによって実務的な対応が大きく変更するものではありません。

これまでの「通常損耗については原則として賃借人の原状回復の対象とはならない」との原則は、再改訂版においても当然のことながら維持されています。またこの原則と異なる特約についても、東京都条例（東京ルール）や消費者契約法の内容、さらに最高裁の判例の基準に合致する範囲において有効性が認められています。しかし、この点についてはすでに実務的な対応がなされていることもあり、再改訂版はこの点を確認しているに過ぎません。

3　「原状回復をめぐるトラブルとガイドライン」に関する参考資料（令和５年３月）について

今回発表された「参考資料」は、改正民法（令和２年４月１日施行）において、原状回復義務について第621条で明文化されたことと、再改訂版の発表から10年を経過したことから、ガイドラインに対するより深い理解と実務の状況について報告したものとなっています。

よって、再改訂版を改訂したものなどではなく、「参考資料」という位置づけで補足説明をしたものと理解することができます。

「参考資料」では、経過年数と原状回復費用の計算ならびに賃借人の負担対象範囲に関する原状回復ガイドラインの補足説明（第１章）、退去時のトラブル防止のために管理業者の団体から情報提供を受けての注意事項（第２章）、さらに原状回復事例を写真や具体的な計算事例をケーススタディ（第３章）で示すとともに、紛争解決方法（第４章）についても紹介しています。

「原状回復をめぐるトラブルとガイドライン」
に関する参考資料

令和5年3月
国土交通省住宅局参事官

国土交通省 HP

[Ⅱ]

Q & A

本ガイドラインに関するQ&A（第1章～第5章）
参考資料（令和5年3月）に関するQ&A（第6章）

第1章
はじめに

本ガイドラインはどのような時に使うのですか。

特に賃貸住宅の契約終了時に使います。

賃貸住宅を利用している人（賃借人）は、契約終了時に建物を明渡し、原状回復する義務があります。

賃貸住宅においては、この原状回復義務の内容について、賃借人と賃貸人の間でどの範囲で原状回復義務を負うのかという点についての争いが多く、裁判になるケースも発生しています。

本ガイドラインは、トラブルを未然に防止することを目的に、民法の考え方に従い過去の裁判例を参考にして、賃借人の原状回復義務の内容をまとめたものですが、あくまで原状回復義務の判断をする際の参考とするべきものです。賃借人に発生する具体的な原状回復義務はケースバイケースですが、借手が不利にならないように定められています。

【本ガイドラインの基本的な考え方】

○通常の住まい方、使い方による損耗や経年劣化は賃借人の負担としない
○故意・過失、善管注意義務違反等による損耗（汚れや傷、破損）は賃借人の負担とする
○もはや通常の住まい方、使い方とはいえない損耗や毀損は賃借人の負担とする

本ガイドラインはいつどのようにして作られたのですか。

平成10年３月に「賃貸住宅リフォームの促進方策検討調査委員会（ソフト部会）（委員長　執行秀幸（現・明治学院大学法学部教授））において平成10年３月に公表された本ガイドラインは、６年経過した平成16年２月に「賃貸住宅にかかわる紛争等の防止方策検討ワーキングチーム」（主査＝当職）において改訂作業を行っています。

そして、平成22年１月の社会資本制度審議会住宅宅地分科会民間賃貸住宅部会の「最終とりまとめ」において、「原状回復ガイドラインを中心としたルールの見直し等が必要」との意見があり、平成22年「原状回復ガイドライン検討委員会」が升田純中央大学法科大学院法務研究科教授・弁護士を委員長とし、私が委員長代理として設立され、各方面の有識者等を集めて検討を行い、再改訂版の作成・公表に至っています。

その後、令和５年３月に『「原状回復をめぐるトラブルとガイドライン」に関する参考資料』が作成されましたが、その経緯については本書の【Ｑ６－１】にありますのでご参照ください。

原状回復とは何ですか。

賃借人は、賃貸借契約終了時に賃貸人に対して建物の明渡し義務を負っています。また、賃借人は、ただ明け渡せばよいというのではなく、明渡しの際に賃貸人に対して原状回復義務を負います。

要するに、明渡し時に発生する賃借人の賃貸人に対する義務のことです。

本ガイドラインにおいては、原状回復義務のことを「賃借人の居住・使用により発生した建物価値の減少のうち、賃借人の故意、過失、善管注意義務違反、その他通常の使用を超えるような使用による損耗・毀損を復旧すること」と定義づけています。

令和２年４月に施行された改正民法においては、原状回復義務が明記されています。民法第621条において「賃借人は、賃借物を受け取った後にこれに生じた損傷（通常の使用及び収益によって生じた賃借物の損耗並びに賃借物の経年変化を除く）がある場合において、賃貸借が終了したときは、その損傷を原状に復する義務を負う。ただし、その損傷が賃借人の責めに帰することができない事由によるものであるときは、この限りでない」と規定されています。

本書Ｑ３－１のほか、本ガイドライン「Ⅱ　契約終了に伴う原状回復義務の考え方」を参考にしてください。

敷金とは何ですか。

建物の賃貸借契約（借家契約）においては、ほとんどのケースにおいて、契約時に賃借人が賃貸人に対して家賃の不払いなどに備えて一定の金額を預けていますが、これを「敷金」といいます。

なお、2020年４月に施行された改正民法第622条の２第１項本文において、「いかなる名目によるかを問わず、賃料債務その他の賃貸借に基づいて生ずる賃借人の賃貸人に対する金銭の給付を目的とする債務を担保する目的で、賃借人が賃貸人に交付する金銭をいう」と定義づけられました。

原状回復義務との関係では、原状回復費用の支払義務を賃借人が賃貸人に対して負っていることから、賃貸人は敷金の中から原状回復費用を控除した金額を賃借人に対して返還しているケースが多いのです。改正民法においても、「賃借人に対し、その受け取った敷金の額から賃貸借に基づいて生じた賃借人の賃貸人に対する金銭の給付を目的とする債務の額を控除した残額を返還しなければならない」（民法第622条の２第１項本文）と規定されています。

敷引きとは何ですか。

関西の一部の地域においては、建物賃貸借において、敷金ないし保証金の一部を敷引き金として、その使途などを明示することなく、賃貸人が取得する（敷引き金を当然に差し引いて敷金・保証金を返還する）旨を定めた合意（敷引き約定）があり、これを「敷引き」といいます。

この約定は、契約成立の謝礼、賃料の実質的な先払い、更新料、自然損耗による修繕費用、新規賃借人募集に要する費用や空き部屋損料等、様々な性質を有するものについて、一定額の金員を賃貸人に帰属させる合意であると解されています。

そしてこの約定は、合理性があり、金額が著しく高額であって暴利行為にあたるなどの特段の事情がない限り、その合意は有効であるとされています。

なお、最判平成23年７月12日は、賃貸借契約締結時に保証金100万円（預託分40万円、敷引分60万円）を賃借人が賃貸人に預託した事案において、保証金のうち一定額（敷引金）を控除し、これを賃貸借契約終了時に賃貸人が取得する旨のいわゆる敷引特約に関して、信義則に反して賃借人の利益を一方的に害するものということはできず、消費者契約法第10条により無効であるということはできない、との判断を示しました。

本ガイドラインＱ＆ＡのＱ６に説明がありますので参考にしてください。

賃貸借契約の契約時や終了時に問題となり得るケースはどのようなものが多いのですか。

賃貸借契約の終了時にはいくつか決着をつけておかなければいけないことがあります。

まず、未払賃料がある場合には、当然のことながら賃借人は支払義務を負っていますので、支払いをしなければなりません。

また、賃借人は契約終了に伴い、建物の明渡義務を負います。

賃借人はただ明け渡すだけでよいのではなく、原状を回復して明け渡す義務を負っています。この義務がまさしく賃借人の賃貸人に対して負っている原状回復義務と言われるものです。

原状回復義務を履行するための費用（原状回復費用）の支払義務は賃借人にありますので、未払賃料や原状回復費用については、賃借人が賃貸人に預けている敷金の中から差し引かれることがあります。

もちろん、未払賃料および原状回復費用の総額が敷金の金額を超える場合には、差額分を賃借人は賃貸人に対して支払わなければなりません。

未払賃料額と異なり、原状回復費用については、当事者間で意見が一致せずトラブルに発展するケースも多いようです。

このように、本ガイドラインは原状回復にかかわるトラブルの未然防止と迅速な解決のために利用されるものです。

平成23年に再改訂された本ガイドラインの内容は、どのようなものですか。

平成23年に再改訂されたガイドライン（再改訂版）は、その約６年前のガイドラインと比べるとＱ＆Ａの数も増え、事例も追加されていますので一般消費者の方にも分かりやすい内容になっています。

内容としては、まず本ガイドラインの位置づけやポイントを説明した後に、第１章として原状回復にかかるガイドラインの説明を行っていますが、再改訂版では「契約書に添付する原状回復の条件に関する様式（別表３）」および「原状回復の精算明細等に関する様式（別表４）」を追加しています。

そして第２章では、「トラブルの迅速な解決にかかる制度」を紹介し、本ガイドラインに関するＱ＆Ａも12項目から17項目に増え、回答内容も詳細になっています。

最後に第３章として「裁判例」が掲載されていますが、改訂前の21事例が、平成23年３月の最高裁判決を含めて大幅に追加され、42事例となっています。

このように、第１章ではトラブルを未然に防止するために契約時にどのような点に注意したらよいのか、とくに物件状況のリストや特約の存在について触れ、その後に契約終了時の原状回復の考え方について説明しています。

とくに通常損耗の考え方については、従来の原状回復ガイドラインにもあった一覧表をより充実させて掲載しています。この点は第３章の判例の結果を踏まえたものとなっています。

また、改訂前のガイドラインと同じく国民生活センターなどにおける敷金精算をめぐる苦情、相談の分析を載せています。

本ガイドラインには賃貸人と賃借人との間を法的に拘束する力があるのですか。

拘束力はありません。

本ガイドラインは、民法621条に基づく原状回復義務の具体的な内容についてあくまで判例などの分析に基づき、参考とすべきものです。

すなわち、原状回復義務を判断する際の参考として用いるべきものであり、判断の基準として当事者を法的に拘束する効力は持っていないのです。

なぜなら、原状回復義務が発生するケースは多種多様であり、一律に判断することは困難だからです。

ただ、過去の裁判例においては原状回復義務の有無を判断する１つの材料として引用されており、原状回復義務の有無を判断するうえでは重要な材料となると考えてよいでしょう。

【賃貸借に関するルールの位置づけ】

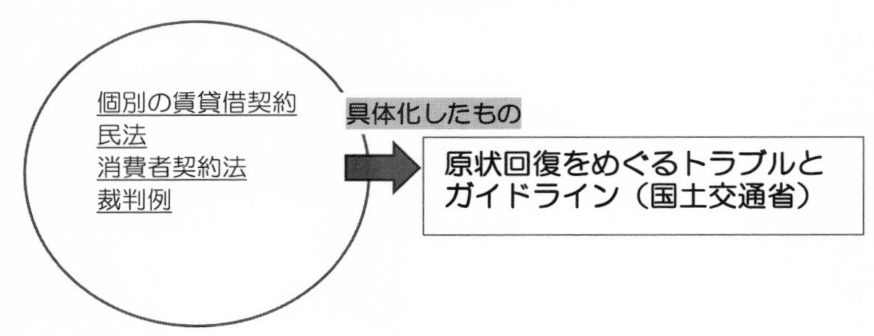

仲介業者である不動産屋さん（宅地建物取引業者）との関係では本ガイドラインはどのように関係するのですか。

重要事項説明義務と関連します。

宅地建物取引業法では、宅地建物取引業者が賃貸借の代理、媒介を行う場合、契約当事者に対して契約が成立するまでの間に、宅地建物取引士をして同法第35条の所定の事項について説明をしなければならないとされています。

そして、その重要事項説明項目の中の国土交通省令で定められている事項（宅地建物取引業法第35条第１項第14号、同法施行規則第16条の４の３第11号）には敷金等に関する事項があり、この中には原状回復にかかわる事項が含まれています。

そのため、原状回復に関する特約が存在する場合には、その特約について宅地建物取引業者は契約当事者に対して説明をしなければなりません。

そのような特約がない場合には、特約がないことを説明すればよいことになっています。

本ガイドラインは、建物の賃貸借契約時における原状回復義務に関する特約の有効性についても触れており、宅地建物取引業者の説明義務の範囲にも影響を与えるものといえましょう。

本ガイドラインはすべての賃貸住宅について用いることができるのですか。公的住宅における賃貸借においても同様ですか。

民間賃貸住宅すべてについて用いることができます。

本ガイドラインは、賃貸借契約の終了によって、賃借人が借家を賃貸人に明け渡す際に発生する原状回復義務の内容についての指針（ガイドライン）です。

よって、公的な性格を持つ賃貸住宅であってもそうでない賃貸住宅であっても、金融公庫の融資を受けている賃貸住宅であってもそうでない住宅であっても、賃貸住宅である以上は、原状回復義務を判断するうえで用いることは可能です。

なお、国土交通省の「賃貸住宅標準契約書」においても平成24年の改訂においてこのガイドラインを踏まえた内容になっています。

借りている部屋を返す義務と敷金の返還義務はどのような関係にあるのですか。

ANSWER
A

賃借人が賃貸人に対して明渡し（原状回復義務）を完了（履行）した後に、賃貸人は賃借人に対して敷金を返還すればよいのです。

契約が終了した後、賃貸人が賃借人に対して敷金を返還すべき時期について、判例は明渡し完了時と判断しています。また、改正民法では、賃貸借が終了し、かつ、賃貸物の返還を受けたときに敷金を返還しなければならないとしています（民法第622条の２第１項第１号）。

言い換えると、賃借人は、賃貸人が敷金を支払うのと引き替えに明け渡すことはできません。賃借人の明渡し義務を先に履行しなければならないのです。

このように、敷金の返還義務の方が後からなされることから、原状回復費用を差し引いた金額を敷金の残額として、賃貸人が賃借人に支払っているケースが多いようです。

なお、本ガイドライン第３章に新しく掲載された事例34の判決（大阪高判平成21年６月12日）においては、「敷金返還請求権は、相殺のように当事者の意思表示を必要とすることなく賃貸借終了明渡時において、延滞賃料等の賃借人の債務と当然に差引計算がされた残額について発生するので、賃貸人は賃貸借終了明渡しの日の翌日から敷金返還債務の遅滞に陥るというべきである」との判断がなされています。

2020年４月に施行された改正民法第622条第１項においては敷金について「いかなる名目によるかを問わず、賃料債務その他賃貸借に基づいて生ずる賃借人の賃貸人に対する金銭の給付を目的とする債務を担保する目的で、賃借人が賃貸人に交付する金銭」との定義がなされました。

本ガイドラインＱ＆ＡのＱ９にも説明がありますので参考にしてください。

入居者と居住者の間のトラブルとして多い部位はどこですか。

（公財）日本賃貸住宅管理協会が令和４年に実施したアンケートの中では、特にトラブルになりやすい部位としてはクロスとフローリングがあげられています。

それ以外では、カーペット、クッションフロア、クリーニング、建具（扉・柱等）、壁（ボード）、建具（襖・障子）、畳等でトラブルが多いとの報告がなされました。

第2章 ガイドラインに見る契約時におけるトラブル防止のポイント

契約終了時の原状回復義務の内容についてのトラブルを防ぐためには契約時にどのような点に注意すればよいのですか。

入居時の状況を確認しておくことが大切です。

原状回復義務の内容について、賃貸人と賃借人との間でトラブルが発生する原因のひとつとして、「入居時の状況がどのようなものであったのか」について争いがあることがあげられます。入居時の状況がはっきりしないために、退去時（現在）の状況が悪化しているのかそうでないのかの判断がつきにくいのです。

そのため、入居時の室内の状況を写真撮影しておくことや、引渡し時にすでに存在している傷跡、へこみ、汚損等についてはっきりと契約当事者間で確認をしておく必要があります。その意味からすれば、本ガイドラインの中にある「入退去時の物件状況及び原状回復確認リスト（例）」は、それぞれの部位について入居時の状況（損耗の有無）をチェックすることができます。

またこのリストは、退去時の状況についてもチェックできますので、入居時と退去時の状況を一目で比較できるようになっています。そのため、原状回復義務の有無を判断する前提としての損耗の有無が一目で分かりますので、トラブルになりにくいと思います。

本ガイドラインＱ＆ＡのＱ２にも説明がありますので参考にしてください。

また、参考資料においては、「１、契約時、入居時の留意点」（Ｐ．７以下）に

・特約としてはハウスクリーニング特約、エアコンクリーニング特約があり、特にハウスクリーニング特約においては定額の費用を負担する内容になっていることが多いこと

・ペット飼育可の物件においては、ペットによる傷や汚れについては経過年数を考慮せず賃借人負担とする特約、消毒・消臭費用を定額で徴収するという特約があること。同様に喫煙によるヤニや変色や臭いが酷い時についても経過年数を考慮せず賃借人とする特約があること

・入居時の物件の状況調査については賃借人と一緒に状況確認し、設備の経過年数を伝えているケースが極めて少ないこと（全体の7.1%）

などが記載されています。

契約する際に借りる部屋についてあらかじめ確認しておくべき内容はどのようなものですか。また確認すべき項目を整理したものがありますか。

退去時における賃借人の原状回復義務の内容に関するトラブルを防ぐために、入居時の状況を賃貸人と賃借人の間で確認しておく必要があります。

とくに重要なのは、入居時点ですでに存在するキズやへこみ等の損耗があるかどうかです。部屋ごとにそれぞれの部位に関して確認をするべきでしょう。

各部屋に共通するものとしては、天井、壁、床、照明器具があります。

玄関においては、ドア、鍵、チャイム、下駄箱の状況、台所・食堂・居間においては流し台、換気扇、給湯機器、給排水の状況を確認する必要があります。

また、浴室については風呂釜、浴槽、シャワーなど、トイレについては便器、水洗タンクの状況を確認する必要があります。

その他の部屋においても、間仕切り、押入・天袋などの確認が必要です。

また、言葉では表現しにくい現象がありますので、写真撮影をすることも十分に心がけるべきでしょう。

本ガイドラインの中には「入退去時の物件状況及び原状回復確認リスト（例）」があります。

このリストは入居時に確認すべき内容を整備したものであり、退去時にも確認できるようになっています。そのため入居時と退去時の状況を一目で確認できるようになっており、賃借人の原状回復義務を判断するうえで重要な資料になると思います。

平成23年の再改訂版では、別表１～４の記載との関連性を持たせるため、一部確認箇所が追加されました。

また、設備等の交換時期が明確になるように、「入居時」の中に「交換年月」

を加えています。

なお、従前の退去時の「清掃」という項目は、クリーニングとの関係で誤解を招く可能性もあることから削除されました。

本ガイドラインＱ＆ＡのＱ２にも説明がありますので、参考にしてください。

参考資料では、令和４年のアンケート結果において、入居時の物件確認については賃借人と一緒に確認し、設備経過年数も伝えているケースが全体の7.1%。これに対して一緒に状況確認をしているが経過年数を伝えていないのが18.8%、入居後賃借人に物件状況リスト等を用いて確認を行ってもらい、リストを双方で保管しているのが21.4%、賃貸人側で保管しているのが15.5%、物件状況を確認しているが、賃借人との協議を行っていないのが26.6%という報告がありました。

本ガイドラインの中にある「入退去時の物件状況及び原状回復確認リスト（例）」の利用方法を教えてください。

本ガイドラインにおいては、「入退去時の物件状況及び原状回復確認リスト（例）」となるものを掲載しています。

対象物件を特定したうえで、各部屋のそれぞれの部位における損耗の有無についてチェックし、さらに具体的な状況が記載できるようにしています。

また、同一の部位についての退去時での状況をチェックし、修繕・交換の要否、その費用をどちらが負担するかを記入するようになっています。そのうえで、賃貸人（管理業者を含む）と賃借人が確認して署名するようになっています。

入居時および退去時においては、本リストを携えて部屋の隅々を確認することになるでしょう。

多少手間のかかることかもしれませんが、トラブル防止の観点からは絶対に必要です。

ただ、損耗の有無についての具体的な状況を文章ですべて記載することは難しいので、場所によっては写真撮影を行いリストに添付しておきましょう

参考資料では、令和４年のアンケート結果の報告があり、その中では状況確認を賃貸人と賃借人が行っていますが、❶設備の経過年数を伝えていないケースや❷物件情報リストを双方で保管していないケースなどがありますので、できる限り情報共有はきちんと行うべきです。

契約時における契約状況の内容について宅建業者はどのような説明義務を負っていますか。

宅地建物取引業者は、賃貸借契約の仲介（媒介）をした場合に、契約成立までに宅地建物取引士をして重要事項の説明をしなければならないことになっています（宅地建物取引業法第35条）。

同法において説明が義務づけられている内容は、同条に詳細に記載がありますが、とくに原状回復義務に関しては、同条第１項第14号に基づき規定された施行規則第16条の４の３第11号「解約時の敷金等の精算に関する事項」について説明義務を負っています。この「解約時の敷金等の精算に関する事項」には、原状回復にかかる事項が含まれていると解釈されています。

そのため、契約時において、解約時（退去時）の原状回復義務の内容についての内容（原状回復に関する特約の存否を含む）を説明する必要があります。

これについての説明を怠った場合には、宅地建物取引業法上の説明義務違反となり、場合によっては損害賠償義務が発生し得ます。

賃貸借契約における契約書式としてモデルになるものはありますか。

賃貸借契約の内容は対象となる物件によってさまざまであり、すべて統一的に決まるものではありません。

ただ、共通する部分も多いことから、標準となる契約書式をイメージすることもできます。

本ガイドラインにおいては、住宅宅地審議会の平成５年１月29日の答申を受けて作成された「賃貸住宅標準契約書」を掲載しています。

この契約書は標準的な契約書のひな形として作成されたものなので、あくまで参考として扱われるべきものですが、この中の原状回復義務に関しては「通常の使用に伴い生じた本物件の損耗を除き、（賃借人は）本物件を原状回復しなければならない」と定めています（第15条第１項）。そして、契約期間中の修繕義務については、ひとつの例として❶畳表の取替え、裏返し、❷障子紙の張替え、❸襖紙の張替え、❹電球、蛍光灯の取替え、❺ヒューズの取替え、❻給水栓の取替え、❼排水栓の取替え、❽その他費用が軽微な修繕、を除き、賃貸人は賃借人が本物件を使用するために必要な修繕を行わなければならないとしています。ただし、賃借人の故意又は過失により必要となった修繕に要する費用は、賃借人が負担しなければなりません（第９条第１項）。

あくまでひとつの例ではありますが、参考となるものです。

なお、この賃貸住宅標準契約書については、平成30年に改訂された内容が公表されています。

契約時に定められる家主との間の特約にはどのようなものがありますか。

賃貸借契約においては、強行法規に反しないものであれば特約を設けることは「契約自由の原則」から認められています。

そのため実際には、

❶ 使用部分についての修理、取替え（畳、襖、障子、その他の小修繕等）も賃借人において行う特約

❷ 故意過失を問わず毀損、滅失、汚損、その他の損害を与えた場合（経年変化や通常損耗に対する修繕義務等を含む）も賃借人に負担させる特約（通常損耗特約）

が結ばれることがあります。

❶の特約については、特別な事情がない限りは、単に賃貸人の修繕義務を免除するものに過ぎず、積極的に賃借人に修繕義務を課したものではないと解釈されています。

この点は本ガイドライン末尾に添付された事例１の判例においても判断されています。

これに対して、❷については事例１の判例以降、このような特約の効力に関しての判決が続き、平成17年12月16日に最高裁において、

❶ 通常損耗について賃借人に原状回復義務を負わせるためには、賃借人が補修費用を負担することとなる通常損耗の範囲が賃貸借契約の条項自体に具体的に明記されていること

❷ 仮に賃貸借契約書では明らかでない場合には、賃貸人が口頭により説明し、

賃借人がその旨を明確に認識し、それを合意の内容としたものが認められること等

特約が明確に合意されていることが必要であると判断されました。

この点は、本ガイドライン末尾添付の事例24に要約が記載されています。

その他特約としては、賃借人が本件契約を解約した場合に解約手数料として賃料の２ヶ月相当分を支払う特約（解約手数料特約　事例27）、汚破損、消耗または付属設備の模様替え、その他一切の変更について賃借人が負担するという特約（原状回復特約　事例27）、ルームクリーニングを賃借人の費用負担で実施するという特約（クリーニング特約　事例30および36）があります。

特約については本ガイドラインＱ＆ＡのＱ３にも説明がありますので参考にしてください。

また参考資料においては「１、契約時、入居時の留意点」（７頁以下）に

- **特約としてはハウスクリーニング特約、エアコンクリーニング特約があり、特にハウスクリーニング特約においては定額の費用を負担する内容になっていることが多いこと**
- **ペット飼育可の物件においては、ペットによる傷や汚れについては経過年数を考慮せず賃借人負担とする特約、消毒・消臭費用を定額で徴収するという特約があること。同様に喫煙によるヤニや変色や臭いが酷い時についても経過年数を考慮せず賃借人とする特約があること**
- **入居時の物件の状況調査については賃借人と一緒に状況確認し、設備の経過年数を伝えているケースが極めて少ないこと（全体の7.1%）**

などが記載されています。

【賃借人に特別の負担を課す特約の要件】

本ガイドラインでは、特約を課す場合には、次の要件を満たしていなければ効力が争われることになると指摘されています。

❶ 特約の必要性があり、かつ、暴利的でないなどの客観的、合理的理由が存在すること
❷ 賃借人が特約によって通常の原状回復義務を超えた修繕等の義務を負うことについて認識していること
❸ 賃借人が特約による義務負担の意思表示をしていること

【PIO-NET に登録された相談件数の推移】

賃借人が賃貸住宅の退去時に、ハウスクリーニングやクロスの張替え等の原状回復費用として敷金が返金されない、また敷金を上回る金額を請求されたという相談が寄せられています。

年度	2020	2021	2022	2023
相談件数（※）	13,364	14,111	12,856	1,662（前年同期　1,535）

（※）　相談件数は2023年5月31日現在（消費生活センター等からの経由相談は含まれていません）

契約時に定められる家主との間の特約の効力についての裁判における判断はどのようなものですか。

Ｑ２－６においても説明したとおり、平成17年12月16日の最高裁判決は、賃借人に通常損耗についての原状回復義務を負わせるには、賃借人に予期しない特別の負担を課すことになることから、

❶ 賃借人が補修費用を負担することになる通常損耗の範囲が賃貸借契約の条項自体に具体的に明記されている

❷ 仮に賃貸借契約書では明らかでない場合には、賃貸人が口頭により説明し、賃借人がその旨を明確に認識し、それを合意の内容としたものであると認められる等特約が明確に合意されていることが必要である

と判断しました（事例24）。

また、平成19年６月１日京都地裁の判決は、賃借人が本件契約を解約した場合に解約手数料として賃料の２ヶ月相当額を支払う旨の解約手数料特約が消費者契約法第９条第１号により無効であり、物件の汚破損、消耗または付属設備の模様替え、その他一切の変更について賃借人が負担するとの原状回復特約は消費者契約法第10条により無効であると判断しました（事例27）。

平成21年１月16日東京地裁の判決は、賃借人の原状回復として入居期間の長短を問わず、居室の障子・襖・網戸の各張替え、畳表替えおよびルームクリーニングを賃借人の費用負担で実施する等の通常損耗補修特約については、賃借人において修繕費を負担することを契約条項によって具体的に認識することは困難であり、畳等に関わる費用負担を賃借人が明確に認識し、これを合意の内容としたとまでを認定することはできないとして通常損耗補修特約は合意されていることはできないと判断したうえで、仮に特約が存在するとしても、消費者契約法第10条に該当し無効であると判断しました（事例30）。

その一方で、平成21年９月18日東京地裁の判決（事例36）は、ハウスクリーニング費用２万6250円を負担するという清掃費用負担特約については明確な合意があり、消費者契約法第10条違反とはいえないとの判断を下し、鍵交換費用１万2600円を賃借人が負担するという鍵交換費用負担特約についても同様に明確な合意を認め、消費者契約法第10条に違反しないと判断しました。

平成21年11月13日の東京地裁の判決（事例37）は、通常損耗特約に関して最高裁の判断基準に基づき、明確な合意がなされていないと判断しています。

特約については本ガイドラインＱ＆ＡのＱ３にも説明がありますので参考にしてください。

第3章
ガイドラインに見る契約終了に伴う原状回復義務の考え方

本ガイドラインは原状回復をどのように定義づけているのですか。

本ガイドラインにおいては、「原状回復とは、賃借人の居住、使用により発生した建物価値の減少のうち、賃借人の故意・過失、善管注意義務違反、その他通常の使用を超えるような使用による損耗・毀損を復旧すること」をいうとしています。

賃借人が建物に居住し続ければ、当然入居した当時よりも建物の価値は減少します。

本ガイドラインは、建物の価値の減少のすべてを賃借人が負担するのではなく、「賃借人が通常の使い方によって生じた損耗等（いわゆる通常損耗）」や「経年変化等不可避に発生する劣化や損耗等（地震等の不可抗力によるものを含む）」については原状回復義務を負わないとしています。第三者（上階の居住者などを含む）が影響を与えた場合も同様です。

そして、通常損耗の範囲を超えるもの（賃借人の故意、過失、善管注意義務違反、その他通常の使用を超えるような使用による損耗・毀損）についてのみ賃借人に原状回復義務が発生するとしています。

この考え方は、判例の考え方と基本的に同じです。

平成17年12月16日の最高裁判所の判決（事例24）は、「建物の賃貸借においては、賃借人が社会通念上の使用した場合に生ずる賃借物件の劣化または価値の減少を意味する通常損耗に係わる投下資本の減価の回収は、通常、減価償却費や修繕費等の必要経費分を賃料の中に含ませてその支払いを受けることにより行われている」旨の判断をしています。

そのうえで、通常損耗についての原状回復義務を負わせるのは賃借人に予期しない特別の負担を課すことになるということを前提として、通常損耗については賃料に含まれる、言い換えると、通常損耗の原状回復は賃貸人の負担を基本的な考え方としています。

この点は、本ガイドラインに添付された事例24のほか、従前の地裁レベルの判例でも同様の考え方がなされてきました。

以上を踏まえて本ガイドラインにおいては、原状回復とは、「賃借人の居住、使用により発生した建物価値の減少のうち、賃借人の故意・過失、善管注意義務違反、その他通常の使用を超えるような使用による損耗・毀損を復旧すること」と定義づけています。

本ガイドラインにおいても、そのことが「Ⅱ　契約終了に伴う原状回復義務の考え方」の中で詳しく記載されています。

また、本ガイドラインＱ＆ＡのＱ５およびＱ８も参考にしてください。

なお、改正民法第621条では、賃借人の原状回復義務について「賃借人は、賃借物を受け取った後にこれに生じた損傷（通常の使用及び収益によって生じた賃借物の損耗並びに賃借物の経年変化を除く。以下のこの条において同じ。）がある場合において、賃貸借が終了したときは、その損傷を現状に復する義務を負う。ただし、その損傷が賃借人の責めに帰することができない事由によるものであるときは、この限りでない」と規定されています。

本ガイドラインの考え方と、判例などの考え方に違いはありますか。

ありません。

判例の考え方をベースとして作成しています。

原状回復義務に関する判例は、従前は簡易裁判所の事例が多かったのですが、最近は地方裁判所並びに高等裁判所の判決もあり、特約に関しては最高裁判所の判決もあります。

そのような判決例を42個収集し、それぞれに部位についての原状回復義務の範囲ならびに賃借人の負担すべき費用の算出の仕方を分析したうえで本ガイドラインは作成されています。

むしろ、本ガイドラインは判例の区別をより綿密に分析し、賃借人と賃貸人の間の負担割合を正確に判断しやすいようにしています。

賃貸人と賃借人が復旧に必要な費用を相互に負担しあうケースがあるのですか。

あります。

本ガイドラインにおいては、❶賃借人の通常の使用により生ずる損耗（通常損耗）の範囲を超える、いわば故意・過失、善管注意義務違反などによる損耗等、❷賃借人が通常の使用をしても生じる損耗等であるが（この点については本来賃借人に原状回復義務は発生しないはずですが）、その後手入れなど賃借人の管理が悪く、損耗等が発生または拡大したと考えられるものについては、賃借人に原状回復義務が発生すると本ガイドラインは考えています。

とくに❷については、賃借人が復旧に必要な費用をすべて負担するのは不公平ですから、賃借人と賃貸人との間で復旧に必要な費用を相互に負担することになります。

また本書Ｑ３－６とＱ３－９にもあるとおり、経過年数や入居年数を考慮すべき損耗などについては、補修・修繕する費用の全額を賃借人が負担するのではなくその一部を負担することになりますから、必然的に賃借人と賃貸人で復旧に要する費用を相互に負担しあうことになります。

本ガイドラインは賃借人が原状回復義務として負担すべき範囲をどのように位置づけているのですか。

本ガイドラインにおいては、

❶ 賃借人の住まい方、使い方次第で発生したりしなかったりすると考えられるもの（明らかに通常の使用等による結果とはいえないもの）

→本ガイドラインでは「B」と位置づけられています。

❷ 基本的には賃借人が通常の住まい方、使い方をしていても発生すると考えられるものであるが、その後の手入れ等賃借人の管理が悪く、損耗等が発生または拡大したと考えられるもの

→本ガイドラインでは「A（＋B)」と位置づけられています。

について賃借人に原状回復義務が発生すると考えています。

❶については、賃借人に故意・過失、善管注意義務違反（賃借人に通常要求される注意義務に違反すること）が認められる場合です。

これに対して❷については、建物の価値の減少した原因自体は賃借人自身にはなくても、その後の賃借人の管理が悪かったために損耗が発生または拡大したケースです。そのため、この場合には特に賃借人が負担すべき費用の範囲、すなわち賃貸人との間での負担割合が問題となってきます。

以上から、建物の価値の減少の原因そのものが自然現象や第三者によるものであっても、賃借人がその後の管理を怠った場合には原状回復義務が発生する場合もあることに注意する必要があります。

参考資料においても、本ガイドラインに従った原状回復事例として、経過年数の考慮、賃借人の負担対象範囲について実例を挙げて説明しておりますので、参

考にしてください。

【原状回復の事例】

「B」に該当する事例

タバコ等のヤニ・臭い 参考資料のＰ.14参照

喫煙等によりクロス等がヤニで変色したり臭いが付着している場合は、通常の使用による汚損を超えるものと判断される場合が多いと考えられます。

ペットによるキズ・臭い 参考資料のＰ.14参照

ペットによりクロス等にキズが付いたり臭いが付着している場合は賃借人負担と判断される場合が多いと考えられます。

落書き 参考資料のＰ.15参照

落書きは故意による毀損にあたり、賃借人負担と判断される場合が多いと考えられます。

破れ、キズ 参考資料のＰ.15参照

故意・過失、善管注意義務違反等によるクロスの破損は、賃借人負担と判断される場合が多いと考えられます。

Ａ（＋Ｂ）に該当する事例

台所の油汚れ 参考資料のＰ.15参照

使用後の手入れが悪くススや油が付着している場合は、通常の使用による損耗を超えるものと判断される場合が多いと考えられます。

結露を放置したことにより拡大したカビ 参考資料のＰ.16参照

結露は建物の構造上の問題であることが多いですが、結露が発生しているにもかかわらず賃貸人に通知もせず、かつ、拭き取るなどの手入れを怠り壁等を腐食させた場合は通常の使用による損耗を超えると判断される場合が多いと考えられます。

破損 参考資料のＰ.19参照

賃借人の不注意等でフローリングが破損している場合には、通常の使用による毀損等を超えるものと判断される場合が多いと考えられます。

本ガイドラインは賃貸人が負担すべき部分をどのように位置づけているのですか。

本ガイドラインに基づいて賃借人が負担する部分以外が賃貸人の負担する部分です。

よって本ガイドラインにおいては、❶賃借人が通常の住まい方、使い方をしていても発生すると考えられるもの（経年変化や通常損耗）、❷古くなった設備を最新のものに取り替えるとか、居室をあたかも新築のような状態にするためのクリーニングを実施するなど建物の価値を増大させるようなもの、が賃貸人の負担すべき範囲であると考えています。

❶が賃貸人の負担とされるのは、経年変化や通常損耗については賃料で補完されているからです。

❷については、❶の範囲を超えて建物の価値を増大させるような修繕については、賃借人が負担すべき理由はどこにもないからです。

本ガイドラインにおいては、原状回復義務を判断するうえで、建物の経過年数をどのようにとらえているのですか。

ANSWER A

本ガイドラインでは、賃借人に原状回復義務が発生する場合にその費用負担を検討するうえで建物の経過年数（築後年数）を検討材料としています。

例えば、経過年数１年の建物を毀損した場合と経過年数10年の建物を毀損した場合を比較すると、後者の場合は前者の場合よりも大きな経年変化・通常損耗があるはずであり、これらの場合に修繕費の負担が同じであるというのでは賃借人相互の公平を欠くことになります。

そこで本ガイドラインは、賃借人に原状回復義務が発生する場合に、その費用負担を検討するうえで建物や設備などの経過年数を考慮し、経過年数が多いほど賃借人の負担割合を減少するようにしています。

負担割合の減少は、従前から「減価償却資産の耐用年数等に関する省令」（昭和40年３月31日大蔵省令第15号）を参考として判断されています。ただし、従前は残存価値を10％とし、例えば、カーペットの場合には耐用年数を６年と判断し、初年度に賃借人の過失で毀損された場合には100％賃借人が負担します。６年以上経過しているカーペットについては、たとえ賃借人の過失で毀損したとしても、本来の価格の10％のみ賃借人が費用負担するとしていました。

この点は本ガイドラインに添付された事例17、20、31において類似する事例があります。

しかし、平成19年の税制改正によって残存価値の考え方が廃止され、耐用年数経過時に残存簿価１円まで償却できるようになったことを踏まえ、現在のガイドラインでは、上記にあるようにカーペットの場合、償却年数は６年で残存価値１円となるような直線（曲線）を用いて経過年数により賃借人の負担を決定することになっています（本書Ｑ３－７とＱ３－13参照）。

参考資料においては、「壁紙（クロス）の原状回復の事例」（Ｐ.18）と「床（フローリング等）の原状回復の事例」（Ｐ.21）の２つの事例において、経過年数の考え方を説明しています。

クロスについては、「入居時にクロスが貼り替えられている場合」「入居時にクロスが貼り替えられていない場合」「退去時にクロスの耐用年数６年を過ぎている場合」についての経過年数の考え方を説明しています。

これに対して床については、クロスと異なりフローリングは原則として経過年数を考慮せず、１㎡単位で賃借人の原状回復費用を負担することが基本になる旨の規定があります。

この点、クロスと床では経過年数の考え方が異なることに注意しましょう。

ただ、フローリング全体を貼り替える場合には、建物の耐用年数で残存価値１円となるような直線を想定し、クロスと同様に負担割合を想定します（本ガイドラインＰ.21）。

平成23年の改訂によって建物の経過年数の考え方が改められたのは、どのような理由からですか。

賃借人に原状回復義務が発生する場合でも、負担する費用の検討に際しては対象部分の経年劣化・通常損耗を前提として考える必要があります。

すなわち、修繕等の費用の全額を常に賃借人が負担するとは限らないのです。

賃借人は賃料を支払っているのですから、経年劣化・通常損耗の分を負担する必要はありません。

そのため、賃借人の負担する費用を検討するには、建物や設備等の経過年数を考慮し、年数が多いほど負担割合を減少することが適切です。

これを「経過年数による減価割合」といいます。

減価割合については、従来のガイドラインにおいては、原状回復義務に基づく賃借人の費用負担を算出する際に、建物の経過年数に基づく減価割合について、法人税法（昭和40年３月31日法律第34号）および法人税法施行例（同政令第97号）における減価償却資産の考え方を採用し、減価償却資産の耐用年数等に関する省令（同大蔵省令第15号）における経過年数による減価割合を参考にして、償却年数経過後の残存価値は10%になるようにして計算してきました。

しかしながら、平成19年の税制改正によって残存価値の考え方が廃止され、耐用年数経過時に残存簿価１円まで償却できるようになったことを踏まえ、例えばカーペットの場合、償却年数は６年で残存価値１円となることを前提に改訂されました。

なお、このように考えた場合には「１円の価値しかないものについては賃貸人の損害は１円しかないのであるから、賃借人はどのような扱い方をしても残存価値を１円とする範囲でしか賠償義務を負わないのは事実上善管注意義務は失われたと同様であり、モラルの点からも問題がある」との意見もありました。

そこで本ガイドラインでは、経過年数を超えた設備等を含む賃借物件であっても、賃借人が契約に基づく「善良な管理者としての注意を払って使用する義務」を負っていることから、この義務に違反して使用して損害を与えた場合に、修繕等の工事に伴う費用の負担金が発生することがある旨が記載されています。

経過年数を超えた設備等については、賃借人が破損させても何ら責任を負わないのですか。

負います。

平成23年の再改訂によって賃借人に原状回復義務が発生した場合の費用負担の検討の仕方が変わりました。

従来は、原状回復義務に基づく賃借人の費用負担を算出する際に、建物の経過年数に基づく減価割合について、法人税法（昭和40年３月31日法律第34号）および法人税法施行例（同政令第97号）における減価償却資産の考え方を採用し、減価償却資産の耐用年数等に関する省令（同大蔵省令第15号）における経過年数による減価割合を参考にして、償却年数経過後の残存価値は10%になるようにして計算してきました。

しかしながら、平成19年の税制改正によって残存価値の考え方が廃止され、耐用年数経過時に残存簿価１円まで償却できるようになったことを踏まえ、例えばカーペットの場合耐用年数は６年であることから、６年で残存価値１円となることを前提に賃借人の費用負担を算出することになりました。

そのため、建物や設備等の残存価値が１円しかないものについては、事実上賃借人の「善良な管理者としての注意を払って使用する義務（善管注意義務）は失われるのではないか」と心配する見解もありました。

しかしながら、原状回復義務はあくまで賃貸借契約に基づいて発生した義務であり、建物や設備等の残存価値によってその義務が失われるものではありません。そのことは本ガイドラインでも明記していますので、誤解のないように注意しましょう。

参考資料（P.17）においても、「経過年数を過ぎている場合にも賃借人は善管注意義務を負っていますので、賃借人の故意・過失による破損等がなければ継続してクロスが使用可能な場合には、修繕等の工事に伴う負担が必要となることがあり得ます。例えば、故意にクロスに落書き等を行った場合、一定の費用負担が求められることがあります。」との記載があります。

本ガイドラインにおいては、原状回復義務を判断するうえで、入居年数をどのようにとらえているのですか。

賃借人に原状回復義務が発生する場合に、賃貸人との費用負担の割合について経過年数を考慮する考え方を用いた場合（本書Ｑ３－６参照）には、入居時の価値が100％の状態（新築物件である場合や新築物件ではないが設備に関しては新品に交換されている場合）と比較して、他の賃借人が居住した後に入居する賃借人については、入居時点において既に設備等の価値が下落していることから、その分を差し引いて検討する必要があります。

例えば、新築物件に入居した賃借人と新築後10年経過した物件に入居した賃借人が、同様の毀損行為を行い原状回復義務が発生する場合に、同様の金額を負担することは公平ではありません。後者の場合には明らかに設備等の劣化が進んでいるからです。

この経過年数の考え方は、入居時における設備などの価値を賃借人と賃貸人の合意によって新品時よりも下げて（例えば80％または60％とする）、そのうえで経過年数の考え方により賃借人の負担割合を考えるというものでした。例えば、耐用年数６年のカーペットについて、２年経過の後に初めて入居した賃借人との間には、入居直後に賃借人の過失で毀損した場合でも２年経過していることを考慮して70％と判断し、その後は耐用年数６年のカーペットにおいての経過年数の考え方を導入するのが平成23年の改訂前の考え方で、これは設備についても同様であり、建物そのものが経過年数が経過していたとしても、設備の交換により新品になっている場合には、当然のことながら入居直後に賃借人の過失で毀損した場合には賃借人が100％負担し、入居して２年の後に毀損した場合には70％の負担とすることになっていました。

この考え方は、経過年数の考え方が変更されたことに伴い（本書Ｑ３－６参照）

改められ、入居直前に設備等の交換を行った場合には100%の価値があるものとして負担割合を検討することになりますが、入居直前の設備交換がない場合には、賃貸住宅の建築後の経過年数や個々の消耗等を勘案して当事者間でどの程度の価値があるのか協議のうえ決定し（従来は10%であったものを）1%を最低金額となるような直線（または曲線）を描いて入居年数による賃借人の負担を決定することになりました（本書Q3-13のグラフ参照）。

参考資料は、壁紙（クロス）の原状回復の事例において、入居時にクロスが貼り替えられている場合とそうでない場合を区別し、「入居時にクロスが貼り替えられていない場合」においては、入居時までのクロスの経過年数に入居年数を加えたものを「退去時の経過年数」として計算する旨の記載があります（P.17）。

一方で「床（フローリング等）」の一部補修[※]の場合には、フローリングは経過年数を考慮しないので、入居年数も考慮することはありません（P.21）。

[※]「全部補修」では考慮する。

入居年数に関する考え方が平成23年の改訂でどのように改められたのですか。

経過年数の考え方（本書Q３-６参照）を前提とした場合、入居時に価値が100％であることを基本的に前提としていることから（新築物件である場合や新築物件ではないが設備に関しては新品に交換されている場合も含みます）、他の賃借人が居住した後に入居する賃借人については、入居時点においてすでに設備等の価値が下落していることを前提として残存価値を考える必要があります。

このため、本ガイドラインは新築物件ではない建物の賃貸借契約の場合には、経過年数の考え方に代わって、入居年数で判断する方法が考えられていました。

入居年数で判断する場合でも残存価値については、経過年数について本書Q３-７で述べたとおり、平成19年の税制改正によって残存価値が廃止され、耐用年数経過時に残存簿価１円まで償却できるようになったことを踏まえ、残存価値を１円とする考え方が導入されました。

そのため、入居年数に関しても、残存価値１円を下限に賃借人が負担する費用を検討することになります。

なお、残存価値が１円であるからといって賃借人の善管注意義務が消滅することにならないことは、経過年数の考え方（本書Q３-８参照）と同様です。

なお、経過年数と入居年数の関係については本書Q３-13を参考にしてください。

本ガイドラインにおいては、経過年数や入居年数を原状回復義務の範囲（負担割合）を検討するうえで考慮しないケースはあるのですか。

ありります。

本ガイドラインは、

❶　建物本体と同様に長期間の使用に耐えられる部位であって部分補修が可能な部位

❷　消耗品としての性格が強く毀損の軽重に関わらず瑕疵の現象が大きいもの

については経過年数を考慮しないとしています。

❶については、フローリングが典型例です。

フローリングは、補修を部分的に行ったとしてもつぎはぎ状態になるだけですから、フローリング全体としての価値が高くなるわけではありません。要するに、部分補修の費用全額を賃借人が負担しても、経過年数や通常損耗による現象を考慮したフローリング価値を超える利益を賃貸人が獲得するわけではありません。むしろ、経過年数を考慮すると、フローリングの価値そのものは変わらないにもかかわらず賃借人の負担を減少する（言い換えれば、賃貸人の負担が増える）という意味で不合理な結果を招きかねません。そのため、経過年数を考慮せず、賃借人の負担とするのが妥当であると考えられています。

ただしフローリング全体の毀損による張替の場合は建物の耐用年数を用いて経過年数を考慮するとされていますので注意しましょう（参考資料P．4）。

また❷については、襖紙や障子紙、畳表のような消耗品については、毀損などによる価値の減少があまりに大きいため、減価償却の考え方になじまず、経過年数を考慮せず張替えなどの費用について賃借人に負担させるのがよいと考えられています。実際に減価償却資産については、使用期間が１年未満のものまたは取得価格が10万円未満のもの等は「消耗品」という扱いとなり、減価償却ではなく必要経費として処理することができるとされています。

本ガイドラインにおいては、賃借人に原状回復義務が発生する場合にその費用負担の範囲をどのように位置づけているのですか。

本ガイドラインは、原状回復が主に毀損部分の復旧であることから、可能な限り毀損部分に限定し、毀損部分の補修工事が可能な「最低限度を施工単位とする」ことを基本としています。

したがって、賃借人に原状回復義務がある場合の費用負担についても、「最低限可能な施工単位に基づく補修費用相当分」が賃借人の負担の対象範囲とすることを基本としています。

ただ、毀損された部分と補修工事の箇所に大きな違いが出てくる場合があります。例えば、壁などのクロスの場合には、汚れた箇所が一部であっても、他の面との色や模様合わせを実施しないと商品価値を維持できない場合があることから、汚れた部分だけでなく部屋全体の張替えを行う必要があることがあります。

しかしながら、一部だけを汚したにもかかわらず部屋全体の張替え費用を賃借人が負担することは不公平です。なぜなら、部屋全体の張替えをすれば、原状回復義務の範囲を超えて賃貸物件としての商品価値を以前よりも上げることになるからです。

そこでクロス張替えの場合は、毀損（汚れた）箇所を含む１面分の張替え費用を賃借人の負担とするとされています。ただし、喫煙等により部屋全体においてクロス等が変色したり臭いが付着している場合は部屋全体とされるとしています（本ガイドラインＰ.18）。

クロスについてはその経過年数を考慮すれば（本書Ｑ３－６参照）、賃借人の負担部分は１面分の張替え費用よりも低くなるケースが多いでしょう。

参考資料においても、壁紙（クロス）の場合と床（フローリング等）の場合の賃借人の負担対象範囲についての規定がありますが、１㎡単位を基本とすると規定しています。ただし、クロスの場合には１面分まではやむを得ないとされ、クロスの色・模様を一致させるために部屋全体を負担対象範囲とするのは妥当でないとされています。

これに対して床（フローリング等）の場合には、フローリング全体にわたっての毀損により部屋全体を貼り替える場合があり得ることを前提としています（本ガイドラインＰ.21）。

原状回復義務の内容に関して、経過年数や入居年数の関係がよくわかりません。それぞれどのような関係にあるのですか。

ANSWER
A

例えば、完成直後の新築アパートに入居したと仮定しましょう。入居して何年か経過した後に退去する際、原状回復義務が発生することになりました。

この場合、賃借人が入居して1年で毀損させた場合と10年で毀損した場合を比較すると、10年経過したものについては、1年経過したものと比較して大きな経年変化や通常損耗が発生しているはずですから、修繕費が同じというのでは公平を欠くことになります。

そこで、賃借人の負担する内容については、建物や設備等の経過年数を考慮して年数が多いほど負担割合を減少させることが適切と判断し、従来から本ガイドラインでは、この考え方を採用してきました。

上記の経過年数は、あくまで価値が100%存在するような新築物件を対象とした考え方です。

また設備に関しては、新築物件ではないアパートについても設備だけを新しく設置したケースもあり得るので、「設備については新築住宅と全く同じ考え方（価値が100%存在する前提とする考え方）をする」というケースもあるでしょう。

これが「経過年数の考え方」です。

入居するアパートは必ずしも新築物件ばかりとは限りません。築10年、20年というアパートもあり、すでに別の賃借人が使用していたケースもあります。この場合、入居した時点で建物や設備の価値は下がっていますから、それを踏まえた上で経過年数を考える必要があります。

これが「入居年数による代替」という考え方です。

実際には、入居時の価値をどの程度にするかを契約当事者間で確認したうえで、経過年数において用いた考え方を利用することになります。

例えば、下記の図のとおり、入居時の状態を本来の状態から80%と考えた場合には、5年で残存価値は1円ということになります。

入居時の状態と賃借人負担割合（耐用年数6年、定額法の場合）

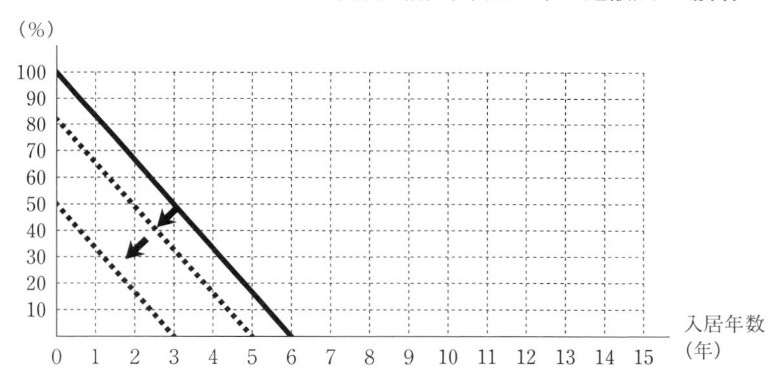

賃借人負担割合（原状回復義務がある場合）

※入居時の設備等の状態により、左方にシフトさせる。新築や交換、張替えの直後であれば、始点は（入居年数、割合）＝（0年、100%）となる。

出所：国土交通省住宅局「原状回復をめぐるトラブルとガイドライン（再改訂版）」より

参考資料（P.17）でも、入居時にクロスが貼り替えられていない場合に、「入居時にクロスの経過年数が3年の場合、入居年数に3年を加えた年数が「退去時の経過年数」となります。」と記載されています。

第4章 契約終了における部位ごとの原状回復の考え方

本ガイドラインでは、畳について賃借人に原状回復義務が発生する場合としない場合をどのように区別していますか。

賃借人が通常の使用の仕方をしていても、日照、建物構造欠陥による雨漏りなどで畳の色が変色することがあります。

日照は通常の生活で避けられないものであり、構造上の欠陥は賃借人に責任がありませんので、このような場合には、変色したことについては通常の使い方によって発生した損耗（通常損耗）として、賃借人に原状回復義務は発生しません。ただし、構造上の欠陥による雨漏りで畳が変色した時には、賃借人には賃貸人に対する通知義務がありますので注意しましょう。

また、畳の裏返し、表替えについては、とくに破損などが発生していない時に次の入居者を確保するために行う場合には、物件の維持管理上の問題であり、賃貸物件としてのグレードアップにつながることから、賃貸人の負担とされます。

これに対して、賃借人の引越作業の際に誤って畳にひっかき傷をつけた場合や、賃借人の不注意で雨が吹き込んで畳が変色した場合には、賃借人に原状回復義務が発生することが多いと思います。

畳の裏返し、表替えをするか否かについてのトラブルは、原状回復に係わるトラブル事例中で最も多いもののひとつと言えましょう。

本ガイドラインに添付された事例にも数多く取り上げられています（事例３、５、８、10等）。

トラブルの内容としては、通常損耗と認定される範囲、例えば、畳表替えは取替えの必要があったか、裏返しで十分であったか（事例３、33）、焦げ跡は通常損耗に該当するか（事例12）の他に、畳の裏返し、表替えをする特約の有効性が争われたものがあります。

畳表の取替えを賃借人が負担するという特約については「賃貸借契約継続中に

おける賃貸人の修繕義務を免除することを定めたもの」と解釈した判決（京都地判平成７年10月５日　事例８　控訴審大阪高判平成８年３月19日も同様）があります。

また、無条件に畳表替えを賃借人に義務づける特約は否定しているものがあります（事例10）。このような特約に基づいていかなる場合にも畳表の取替えを賃借人に要求することはできないと考えるべきでしょう。

特約のない場合については、賃借人の通常の使用によって生ずる損耗など（通常損耗）については賃料が支払われている以上は賃貸人の負担とするという考え方を前提としつつ、それぞれの状況に応じて判断がなされています。

本ガイドラインに掲載されている事例のほとんどは畳に係わるものなので、参考にしてください。

なお、賃借人に原状回復義務が発生する場合の費用負担の範囲については、本書Ｑ４-30以下を参照してください。

参考資料（Ｐ.23）では、畳の汚れについては「Ａ（＋Ｂ）」と位置づけている（Ｐ.20）一方で、畳表替えについては、「Ａ（＋Ｇ）」に該当するものとして、賃借人負担を０としています。

本ガイドラインにおいて、フローリングについては賃借人に原状回復義務が発生するのはどのような場合ですか。

本ガイドラインにおいては、賃借人の不注意で雨が吹き込んだことなどによるフローリングの色落ちや、引越作業の際に賃借人がつけたフローリングのひっかきキズ、キャスター付きの椅子などによるフローリングのキズ、へこみについては、賃借人の善管注意義務違反と判断される場合が多いと考えられています。この場合には、賃借人に原状回復義務が発生します。

この場合の賃借人の費用負担の範囲については、本書Ｑ４-32を参考にしてください。

同じフローリングの色落ちでも、日照や建物構造欠陥による雨漏りなどで発生したものについては、賃借人には責任がないと考えられています。

また、フローリングにワックスがけをすることは、ワックスがけが通常の生活において必ず必要とまでは言い切れず、賃貸物件の維持管理の意味合いが強いことから、賃貸人の負担とすることが妥当であると考えられています。

なお、平成23年の改訂前は、別表１「消耗・毀損の事例区分（部位別）一覧表」において「キャスター付の椅子等によるフローリングのキズ及びへこみ」を「賃借人の使い方次第で発生したりしなかったりするもの（明らかに通常の使用による結果とはいえないもの）」に分類していましたが、現在では質のよいフローリングが利用されていることから、注意喚起の必要性がないと判断され、削除されました。

参考資料では、フローリングの破損しているケースを写真で示しています（Ｐ.19）。

また、フローリングのシミ、カビについて「Ａ（＋Ｂ）」に位置づけるものとして写真を示しています（Ｐ.20）。

本ガイドラインにおいて、カーペット（クッションフロア）について賃借人に原状回復義務が発生するのはどのような場合ですか。

ANSWER
A

賃借人が引越作業でカーペットにキズをつけた場合には、善管注意義務違反として原状回復義務が発生する場合が多いと思います。

その場合の費用負担の割合については、キズを除去するための工事費ということになりますが、キズの箇所が複数箇所に渡る場合には、その部屋全体についての修理費用を請求される場合もあり得ます。

なお、カーペットについては、従来、おおむね６年で残存価値が10%となるような割合で費用負担を考えることになっており、例えば、新品の場合を100%と考えれば、２年経過している場合には、新品当時と比べて70%の価値しかないことを前提に費用負担を考えることにしていました（なお、経年劣化に関する判決例としてはクロスに関して事例20、壁ボード穴に関して事例17があります）。

しかしながら、平成23年の改訂で、カーペットの場合、償却年数６年で残存価値１円となるような直線（または曲線）を用いて経過年数により賃借人の負担を決定することになりました（本書Ｑ３－６参照）ので、２年経過している場合には、新品当時と比べて70%以下の価値しかないことを前提に費用負担を考えることになります。

また、カーペットに飲み物等をこぼしたことによる染みやカビについては、通常の使用の仕方をしていても飲み物をこぼしたりすることはあり得ますが、その後の手入れを怠ったことによる染みやカビについては、賃借人の負担とされる場合があるでしょう（本書Ｑ３－３の❷の部分参照）。

冷蔵庫下のサビ跡についても同様で、サビを放置しておくことによって汚損などの損害を与えた場合には、賃借人の一部負担となる可能性があります。

これに対して、家具の設置によるへこみや設置跡については、家具の数が多いという我が国の事情に鑑みれば、その設置跡が生じることは通常の使用による損耗と考えられ、原状回復義務は発生しないと思います。

この点は、クッションフロアもすべて同様です。

また、カーペットクリーニング費用を否定した事例（事例37）があります。

参考資料（P.13）では、令和4年アンケートでカーペット・クッションフロアのトラブルが3番目に多いと指摘しています。

本ガイドラインにおいては、家具の設置による床のへこみや設置跡、冷蔵庫下のサビ跡について賃借人に原状回復義務が発生するのはどのような場合ですか。キャスター付の椅子等によるフローリングのキズやへこみについてはどうですか。

家具の設置による床のへこみや設置跡については家具の保有数が多いという我が国の実状に鑑みれば、必然的に発生するものとして通常損耗として賃借人に原状回復義務が生じないケースが多いでしょう。これに対して冷蔵庫下のサビ跡については、サビを放置し、床に汚損等の損害が生じた場合、善管注意義務違反として賃借人に原状回復義務が発生する場合が多いでしょう。

なお、平成23年の改訂前のガイドラインにおいては、「キャスター付の椅子等のフローリングのキズやへこみ」については、キャスターの転がりによるキズ等の発生は通常予測されることで、賃借人としてはその使用にあたって十分な注意を払う必要があり、発生させた場合は「賃借人の善管注意義務違反に該当する場合が多いと考えられる」との判断で、「賃借人に原状回復義務が発生する」方向で考えられてきました。

しかしながら、実務においては、このような規定のされ方がほとんどされていないと思われること、また現在では質のよいフローリングが開発され施工されており、キャスター付きであってもキズやへこみが発生するとは言い難いこと等を考慮して注意喚起の必要性がないと判断し、今回の改訂によって削除されました。

そのため、キャスター付きの椅子等によってフローリングにキズやへこみが生じたとしても賃借人の善管注意義務違反と見なされるわけではなく、個々の現象を見て通常の使用方法であったか否かを個別に判断することになります。

参考資料（P.19、22）では、フローリングを破損した場合の取り扱いについて記載しています。

本ガイドラインにおいては、地震等に対する家具転倒防止措置によって壁に空いた穴については原状回復義務が発生しますか。

本ガイドラインにおいては、壁等の釘穴、ねじ穴（重量物を掛けるために掛けたもので、下地ボードの貼替が必要な程度のもの）については、「画鋲等のものに比べて深く、範囲も広いため、通常の使用による損耗を超える判断をされることが多いと考えられる」と位置づけられていました。

この考え方は、平成23年の改訂においても変更はありません。

ただ、地震に対する対応策として家具の転倒防止のために釘やねじを使用することがあり得ます。

確かに、家具の転倒を防止することは生命身体の安全を確保するための手段とも言えそうですが、現段階では必ずしも通常の住まい方、使い方と言い切れるものではありません。

転倒防止の方法としては、釘やねじを使用しない方法の検討をできる限りすべきでしょう。

引越作業において気を付けなければならないのはどのような点ですか。

ひっかきキズです。

引越作業の時には、多くの荷物を搬出させることもあり、床にキズがつくことがあります。

賃貸住宅である以上は、期間満了によって明け渡すのは当然であり、明渡しに引越が伴うのも当然です。

ただ、引越作業で生じたひっかきキズについては、本ガイドラインにおいては、「賃借人の善管注意義務違反または過失に該当する場合が多いと考えられる」とされています。

現在、引越業者は、家具や荷物の搬出に際して、可能な限り床や壁にキズがつかないように注意して作業しています。

引越業者に依頼せず、自ら搬出するケースも多いと思いますが、引越作業の際に生じたひっかきキズは「賃借人が通常の住まい方、使い方をしていても発生するもの」とは考えられないケースが多いので、十分注意する必要があります。

子どもがどうしても落書きをしてしまいますが、本ガイドラインにおいては原状回復義務の対象となりますか。

原状回復義務が発生すると考えるべきでしょう。

確かに子どもと一緒に生活をすれば、子どもは好きな絵を床、壁、襖や柱等に描いたりすることが多いでしょう。

しかしながら、落書き用の床や壁が存在するわけではなく、床、壁、襖や柱の本来の機能には含まれないものです。

そのため、落書き等の故意による毀損は善管注意義務違反と見なされることが多いので注意しましょう。

参考資料（P.15）では、壁紙（クロス）への落書きのケースを写真で示し、「B」に該当するものとして原状回復義務の対象となるとしています。

本ガイドラインによれば、壁（クロス）ならびに天井について賃借人の原状回復義務が発生するのはどのような場合ですか。

重い物を掛けるために開けた釘穴やねじ穴で、下地ボードの貼替えが必要なものについては、画鋲などと比べて深く、範囲も広いため、通常使用による損耗（通常損耗）とは見なされず、賃借人に原状回復義務が発生すると思われます。

また、賃借人が所有するクーラーから水漏れが発生し、これを放置したため壁が腐食した場合には、本来クーラーの所有者である賃借人がその保守点検を実施すべきであったのであり、これを怠ったものとして原状回復義務が発生するものと思われます。

これ以外に、あらかじめ天井に設置された照明器具用コンセントを使用せず、新たに天井に照明器具を直接設置したことによる跡については、通常損耗を超えるものとして原状回復義務が発生するものと思われます。

なお、この場合の賃借人の費用負担の範囲については、本書Ｑ４-33を参考にしてください。

以上は貸借人の住まい方、使い方に問題があった場合ですが、それ以外に貸借人の管理が悪く、損耗等が発生して、貸借人に原状回復義務が発生する場合があります。

台所の油汚れについては、使用後の手入れが悪いためにススや油が付着している場合は、通常損耗を超えるものとして原状回復義務が発生する場合があり得ます。

また、結露を放置したことによって発生したカビ・染み、賃貸人が設置したクーラーから発生した水漏れを賃借人が放置したため壁が腐食したケースにおいては、結露の発生原因や賃貸人所有クーラーからの水漏れそのものについては賃借人に責任がないとしても、その後の賃貸人への通知や管理を怠ったことによって被害を大きくしたことが、通常使用による損耗を超えるとして、賃貸人との間で修繕費用の一部負担を強いられることになり得ますので注意しましょう。

なお、カビが問題となったケースとして事例９、壁穴が問題となったケースとして事例17が本ガイドラインに掲載されています。

クロスについては本ガイドラインＱ＆ＡのＱ７、Q13にも説明がありますので参考にしてください。

参考資料（Ｐ.14）では、「壁紙（クロス）」の原状回復事例として、経過年数の考慮、賃借人の負担対象範囲について実例を挙げて説明していますので参考にしてください。

本ガイドラインにおいて、壁（クロス）や天井に生じたタバコのヤニ、電気ヤケ、ポスター、絵画、カレンダー、さらにエアコンを設置した場合に生じた穴について貸借人の原状回復義務が発生するのはどのような場合ですか。

壁等に付着したタバコのヤニについては、従来のガイドラインの考え方では「通常のクリーニングで除去できる程度であれば原状回復義務は発生しない」という理解をしていました。しかし、喫煙に対する社会的評価が変わったことに伴い、再改訂版では、「タバコ等のヤニ・臭い」については、「賃借人の使い方次第で発生したりしなかったりするもの（明らかに通常の使用による結果とはいえないもの）」に位置づけられています。

したがって、喫煙等によりクロス等がタバコのヤニで変色したり臭いが付着している場合は、「通常の使用による汚染を超えるもの」と判断される場合が多くなっています。

ただし、タバコ自体が禁止されている場合は、明らかに用法違反と見なされるうえに、通常のクリーニングでは除去できない程度のヤニについては、クロスの張替え費用について賃借人が一部費用負担をしなければならないこともありますので注意が必要です。

テレビ、冷蔵庫などの後部壁面の黒ずみ（いわゆる「電気ヤケ」）については、これらが生活必需品であることから通常損耗の範囲内ですので、原状回復義務の対象にはなりません。

また、壁に貼ったポスターや絵画の跡についても、日照などの自然現象によるクロスなどの変色も通常損耗の範囲内と思われます。

賃借人がエアコンを設置した場合に生じた壁のビス穴、跡については、エアコンが現在では生活必需品であることを前提とすると、その設置によって生じたビス穴は通常損耗の範囲内と考えられます。

ポスターやカレンダーを掲示した場合に生じた画鋲やピンなどの穴について

は、下地ボードの貼替えが不要な程度であれば、通常損耗の範囲内として原状回復義務は発生しません。

本ガイドラインでは、壁穴が問題となったケースとして事例17、煙草のヤニが問題となったケースとして事例33があります。

参考資料（P.14）では、「壁紙（クロス）」の原状回復事例として、経過年数の考慮、賃借人の負担対象範囲について実例を挙げて説明していますので参考にしてください。

本ガイドラインにおいては、タバコのヤニについてはどのように判断するのですか。

本書Ｑ４－９で説明したとおり、従来のガイドラインの考え方では「喫煙そのものが用法違反、善管注意義務違反に当たるわけではありませんから、クリーニングで除去できる程度のヤニについては通常損耗の範囲内であるとして、賃借人に原状回復義務は発生しない」との判断をしていました。

そのうえで、通常のクリーニングでは除去できない程度のヤニについては、「賃借人が通常の住まい方、使い方をしていても発生するものであるが、その後の手入れや管理が悪く、損耗が発生・拡大したものと考えられるもの」（本書Ｑ３－３参照）として、賃借人の一部費用負担があり得ると考えていました。例えば、クリーニングでは効果がなく、もはやクロスの張替えが必要な程度に汚損している場合などがそうです。この場合には、部屋全体の張替え費用を賃借人が負担することになると考えられていました。

平成23年の再改訂版では、喫煙に対する社会的評価の変化も伴い、「タバコ等のヤニ・臭い」については「賃借人の使い方次第で発生したりしなかったりするもの（明らかに通常の使用による結果とはいえないもの）」に位置づけが変更されました。

よって、タバコ等によりクロス等がヤニで変色したり臭いが付着している場合は、「通常の使用による汚染を超えるもの」と判断される場合が多いと位置づけました。

これに対して、賃借物件での喫煙等が禁じられている場合は用法違反に当たるものと位置づけました。

なお、タバコのヤニについて扱った事例として、本ガイドラインの事例31、33があります。

参考資料では、実務では、喫煙によるヤニの変色や臭いが酷いときについても、経過年数を考慮せず賃借人負担とするといった特約が設けられている場合があるとの報告がありました（P．8）。

また、上記のとおり、喫煙等による変色、臭いがある場合、本ガイドラインは居室全体の補修費用を賃借人とすることを認めている旨の記載もあります（P．18）。

本ガイドラインにおいては、壁に残ったキズについてはどのように判断するのですか。

重量物を掛けるために開けた釘穴・ねじ穴等で、下地ボードの張替えが必要な程度のものについては、画鋲などのものに比べて深く範囲が広いため、通常の使用による損耗（通常損耗）を超えるものとして賃借人に原状回復義務が発生します。

これに対して、画鋲やピンなどで留めた穴の跡で、下地ボードの張替えが不要な程度については、ポスターやカレンダーなどの掲示は日常生活において行われる範囲のものであり、通常損耗の範囲内として賃借人に原状回復義務は発生しないものと思われます。

この他、壁に貼ったポスターによるクロスなどの変色については、主に日照などの自然現象によるもので通常損耗の範囲内と考えられるので、賃借人に原状回復義務は発生しないものと思われます。

なお、壁ボード穴に関する事例としては、本ガイドライン末尾添付の事例17において瑕疵の認定についての判断をするとともに、従来のガイドラインの考え方に基づくものではありますが、経過年数についての判断ならびに補修面積についての判断がなされています。

参考資料（P.15）においては、壁紙（クロス）の破れ、キズを写真で示し、「B」に該当するものとして、位置づけています。

本ガイドラインにおいては、クーラーからの水漏れについてはどのように判断するのですか。

賃借人が設置したクーラーから水漏れし、それを放置したために壁が腐食した場合には、クーラーの管理者である賃借人に善管注意義務違反があったとされ、クロスの張替え費用などについての原状回復義務が発生します。

ただし、賃借人がエアコンを設置したことによって生じた壁のビス穴や跡については、エアコンが生活必需品になっていることから、通常損耗の範囲内と考えられ、それについての原状回復義務は発生しないものと思われます。

これに対して、賃貸人がすでに入居前からクーラーを設置している場合には、水漏れが発生してもそれによる被害は原則として管理者である賃貸人の責任となりますが、賃借人が水漏れを放置したり、その後手入れを怠ったことにより腐食が発生した場合には、通常損耗の範囲を超えるものと判断され、修繕費用の一部について賃借人に原状回復義務が発生する場合があり得ます（本書Ｑ３－３の❷の部分参照）。

なお、原状回復義務の範囲（補修工事の対象範囲および費用負担の範囲）については本書Ｑ４-29以下を参照してください。

本ガイドラインにおいては、照明器具の利用についてはどのように判断するのですか。

あらかじめ設置された照明器具用のコンセントを使用せず、違うコンセントを設置した場合には、その設置跡については通常使用による損耗（通常損耗）を超えるものとして、その撤去費用などを原状回復義務として賃借人が負う場合があります。原状回復費用については、通常は、補修費用がその対象になると思われます。

これに対して、すでに設置されている照明器具用のコンセントを使ったうえで通常どおりの使用をした場合には、それによって入居時よりも若干汚れが発生した程度では、賃借人に原状回復義務は発生しません。

本ガイドラインにおいては、台所の油汚れについてはどのように判断するのですか。

賃借人が通常の使用の仕方をしていても、台所に多少の油汚れが生じることはあり得ることです。

そのため、このような油汚れは通常損耗の範囲内と考えられ、すべての油汚れが原状回復義務の対象になるわけではありません。

ただし、使用後の手入れが悪く、ススや油が付着している場合には、通常の使用による損耗を超えるものと判断されることが多いと考えられます。

日常の清掃をきちっとしていたかどうかが、ひとつのポイントになるでしょう。賃借人にも原状回復義務が発生すると考えられる場合には、油汚れを除去する費用について賃貸人との間で費用負担の割合を検討することになります。

参考資料（P.15）では、台所の油汚れを「A（＋B)」と位置づけて、具体的な写真を示しています。

建物に発生した結露や備え付けのクーラーから水漏れが発生した場合でも、賃借人が原状回復義務を負うことがあるのですか。

あり得ます。

結露の発生原因は色々ありますが、建物そのものにその原因が存在する場合があります。

また備え付けのクーラーは賃貸人の所有物ですので、あくまでその管理は賃貸人の責任において行われるべきです。

要するに結露が発生した場合や、備え付けのクーラーから水漏れが発生したことについては、賃借人に何ら責任がないことがあります。

そのため、これが原因となってクロスが傷んだりした場合には、本来賃借人は責任を負わないはずです。

しかしながら、賃借人も契約上の善管注意義務（民法第400条）を負い、建物の賃借人として社会通念上要求される程度の注意を払って賃借物を使用しなければなりません（「善管注意義務」については、本ガイドラインＱ＆ＡのＱ10を参照）。

そのため賃借人に責任のない結露ならびに備え付けクーラーからの水漏れが発生した場合でも、賃借人はこれを放置したためカビやシミが拡大したり、壁が腐食した場合には、通常の使用による損耗を超えると判断されることが多いと考えられます。

このような場合には賃借人と賃貸人の間で復旧に必要な費用を相互に負担することになります（本書Ｑ３－３参照）。

本ガイドラインにおいては、襖や柱などの建具については賃借人の原状回復義務をどのように判断するのですか。

襖や柱などの建具については、飼っているペットが付けた柱などへのキズや、物を運んだりした際に付けた柱などへのキズは、賃借人に原状回復義務が発生すると思われます。ペットに関しては、共同住宅におけるペット飼育は未だ一般的ではなく、ペットの躾の問題でもあり、賃借人の負担とされる場合が多いものと思われます。

襖替えに関するトラブルも、原状回復に係わるトラブルの中で事例としては最も多いもののひとつと言えます。

実際には、特約を設け襖の取替え費用を賃借人の負担とする修理特約、または故意過失を問わず襖の汚れについては賃借人が賠償義務を負う賠償特約が設けられているケースもあるようですが、判例は、修理特約について、特段の事情がない限り、賃貸人の修繕義務を免除したものにすぎず、積極的に賃借人に修繕義務を課していないと判断し、賠償特約については、同じく特段の事情がない限り、賃借人の損害賠償義務の範囲には通常損耗は含まれないと解釈しているようです。

本ガイドラインにおいて掲載されている襖に係わるものとしては、事例16と事例35があります。

これに対して、地震でガラスが破損した場合やガラスの加工処理の問題で網入りガラスに亀裂が生じた場合については、通常損耗の範囲内として賃借人に原状回復義務は発生しないものと思われます。

また、網戸の張替えについては、破損していない限りにおいては次の入居者の確保のために行うものとして賃貸人の負担とされるべきであり、賃借人に原状回復義務は発生しないものと思われます。

本ガイドラインにおいては、網戸の張替えについてはどのように判断するのですか。

網戸の張替えについては、当然のことながら賃借人の過失でキズをつけたり穴を開けたりした場合には、賃借人に原状回復義務があります。

網戸についても費用負担を検討するうえでは経過年数を考慮すべきです（本書Q３－６参照）。

これに対して、破損などをしていない場合の取替えは、次の入居者の確保のために行うものとして、賃貸人が費用負担すべきです。

本ガイドライン末尾添付の事例35において網戸張替えが争点となっています。

本ガイドラインにおいては、ペットが付けたキズについてはどのように判断するのですか。

ANSWER A

飼っているペットが襖や柱などにキズを付けたり、臭いを付着させた場合には、賃借人に原状回復義務が発生すると判断される場合が多いと考えられています。

特に共同住宅におけるペット飼育は未だ一般的ではなく、飼い主としてのペットの躾の問題でもあり、また尿の後始末等も飼い主が責任を持って行うべきことであると解釈され、襖、柱、クロス等にキズが付いたり臭いが付着している場合には、賃借人の負担と判断されることが多いでしょう。

ただ、最近は「ペット可」とする賃貸物件も多いようです。

このような場合には、そうでない物件と比べると、ペットを飼育することによって通常発生するようなキズについては、原状回復義務の対象とならない可能性があります。

これに対して、ペットの飼育が禁じられているにもかかわらず飼育した場合には用法違反になりますから、これらのキズ、臭いについては当然賃借人負担と判断されます。

参考資料（P.14）では、ペットによるキズ・臭いについて「B」に該当するものとして、写真を示して説明していますので、参考にしてください。

ペットの飼育については、どのようなトラブルの事例があるのですか。

「犬、猫等のペットの飼育を禁ずる」という特約のある賃貸マンションにおいて賃借人が猫を相当数飼育したため、柱や造作には猫の爪によるおびただしいひっかきキズが残され、壁面には穴が穿たれていたのみならず、残留するアンモニア臭が室内の立入が困難なほどであり、床および壁がススで黒く変色し、糞尿によるシミも見られ、照明設備等の金属部分には錆が発生している事案において、既存の内装を完全に撤去し、新たに内装工事をやり直す費用として約1000万円の工事費用が認められたケースがあります（東京地判平成13年３月26日）。

このケースは、特約でペットの飼育が禁止されていたにもかかわらず複数の猫を飼っていたのですから、明らかに賃借人の善管注意義務違反といえます。

その他、重要事項説明書にペットの飼育が可能である旨が記載されていたとしても、大型犬の飼育を想定しているとは言えないことから、建物内で飼育したことによって生じた損傷で動物を飼育することを前提としない通常損耗を超えるものについての原状回復義務を賃借人に負わせたものがあります（東京地判平成22年11月16日）。

その一方で、契約上はペット飼育を許可していた場合に解約時に室内クリーニング代の他に原状回復費用（脱臭作業を含む）を頂戴する旨の記載があっても、この条項は賃借人が負担すべき費用を一般的に例示したものであってクロス張替え工事費用と室内脱臭費用のみを賃借人の負担とするとしたものがあります（東京簡判平成17年３月１日）。

参考資料（Ｐ．８）では、ペット飼育可の物件において、「ペットによるひどいキズや汚れについては経過年数を考慮せず賃借人負担とする」といった特約が存在するとの報告があります。

本ガイドラインにおいては、鍵などの設備一般について賃借人に原状回復義務が発生する場合をどのように判断しているのですか。

入居時に賃貸人が設置している設備については、賃借人が通常の使い方をしている限り、設備機器の故障や使用不能の状態が発生しても賃借人の原状回復義務は発生しません。経年劣化による自然損耗などがその典型的なケースです。

ですから、使い方を間違った場合（用法違反）、誤って毀損した場合には賃借人に善管注意義務違反が認められ、原状回復義務が発生します。例えば、鍵をなくしてしまった場合や、使い方を誤って壊した場合などがそうです。

これに対して、鍵は壊れておらず、賃貸人が入居者の入れ替わりによる物件管理のために交換する場合には、当然賃貸人の負担となります。

この点、本ガイドライン末尾添付の事例36においては鍵交換費用負担特約に対して消費者契約法第10条ならびに第４条第２項違反でないとの判断をしたものがあります。同様に、浴槽、風呂釜等の取替えについても、破損していないのに交換する場合には、物件管理上の問題として賃貸人が負担することになります。

台所やトイレの消毒についても、日常の清掃と異なり賃借人の管理の範囲を超えているので、賃貸人が負担するものと思われます。

これに対して、ガスコンロ置き場や換気扇などに付いた油汚れやススについては、通常の使い方をしていてもこれらの状況は発生しますが、使用期間中にその清掃・手入れを怠った結果汚損が発生した場合は、賃借人の善管注意義務違反が認められ、原状回復義務が発生するケースも多いと思われます。

この点は、風呂、トイレ、洗面台の水垢やカビなどについても同様に判断されると思います。

原状回復義務の範囲については、本書Ｑ３-12以下を参照してください。

本ガイドラインにおいては、ハウスクリーニングならびに台所やトイレの消毒についてはどのように判断するのですか。

賃貸人が賃借人の退去後に専門業者に依頼して物件全体のハウスクリーニングを行うことは、賃貸人が次の入居者を確保するための手段であるとされ、賃貸人の費用負担になるものと思われます。ただし、賃借人がゴミの撤去、拭き掃除、掃き掃除、水回り、換気扇、レンジ周りの油汚れの除去等通常の清掃を行っていることが前提です。これを怠り、台所の油汚れが残っている場合等においては、賃借人に原状回復義務が発生し、清掃費用について一部賃借人の費用負担となる場合があり得ます（本書Ｑ３－３の❷の部分参照）。

その場合の費用については、賃借人の費用負担となる部分については経過年数を考慮せず、通常の清掃を実施していない部分について、その部位もしくは住戸全体の清掃費用負担分を全額賃借人負担とすることになります。

台所やトイレの消毒についても同様に、賃借人が日常の手入れをきちんとしていた限りにおいては賃貸人の負担とされることが多いでしょう。

判例も、賃借人が通常の使用によって生じた損耗など（通常損耗）については、賃料が支払われている以上は賃貸人の負担とするという考えに立ち、ハウスクリーニングについては基本的に賃貸人の負担と考えているようです。

本ガイドライン添付の事例においても、クリーニング費用の賃借人負担を認めなかった事例（事例13・35）と一部認めたと思われるもの（事例16）があります。

ただ、特約を設けてハウスクリーニングの費用を賃借人の負担とすると定めていた場合には、この特約についての有効性が問題となります。

この点は、まさしく他のケースと同様に賃借人にハウスクリーニング費用の負担を義務づける特約としての有効性が問題となりますが、平成21年５月21日の東京地裁の判決（事例33）は、最高裁の判決（事例24）を引用したうえで、ハウスクリーニング費用を賃借人の負担とすることが契約書に明記されており、専門業者のハウスクリーニング代を賃借人が負担する旨が一義的に明らかであると判断して、その特約の有効性を認めました。

なお、本ガイドラインのＱ＆Ａの Q16においてもハウスクリーニング特約に関するものがありますので、参考にしてください。

参考資料（Ｐ．７）では、令和４年アンケートでは、実務で締結されることが多い特約としてハウスクリーニング、エアコンクリーニングの特約が挙げられ、特にハウスクリーニングについては、部屋の広さや間取りに応じて定額の費用を負担する内容となっていることが多いと報告がなされております。

本ガイドラインにおいては、台所やトイレの消毒についてはどのように判断するのですか。また台所については設備そのものとそれ以外に天井やクロスに与えた影響はどう判断されますか。

入居者が退去した際に、台所やトイレについて特別に消毒を行うことがあります。

この場合、日常の清掃を賃借人が怠っていたことによって生じた汚れ、汚損については、賃借人の善管注意義務違反に該当すると判断されることが多いでしょう。

とくに台所については、壁や天井に油汚れが発生する可能性があり、使用後の手入れが悪く、ススや油が付着している場合には、台所部分のみならずその壁や天井についても通常使用による損耗を超えものと判断され、その部分については賃借人負担となることが多いと考えられます。

これに対して、日常清掃を行っていたことを補うための消毒ではなく、新たな入居者を確保するためや建物そのものの価値を高めるために行う消毒については賃貸人負担とすることが妥当であると考えられています。

参考資料（P.15）では、台所の油汚れの写真が示され、「A（＋B）」に該当する事例として整理されています。

風呂、トイレ、洗面台の水垢やカビについては使用するとどうしてもつきやすいのですが、本件ガイドラインにおいてはどのように判断するのですか。

ANSWER A

賃借人が通常行うべき清掃、手入れを行っている限りにおいては、水垢やカビなどが生じたとしても、賃借人に原状回復義務は発生しません。

これに対して、清掃や手入れを怠ったために汚損が発生した場合には、賃借人に善管注意義務違反があるとみなされ、修繕費用の一部について賃借人に原状回復義務が発生することになります。風呂、トイレ、洗面台のような設備機器については、15年または建物の耐用年数と同じ年数で残存価値が１円となるような割合で判断すべきでしょう（本書Ｑ３－６参照）。

賃貸人が、破損がないにもかかわらず賃借人の退去後に浴槽、風呂釜等の取替えを行う場合には、物件の維持管理上の問題であって、賃貸人がその費用負担すると考えるべきです。賃借人によって破損され、やむを得ず取替えを行う場合には、当然のことながら、賃借人に原状回復義務が発生します。この場合においても、その残存価値については上記と同様に考えるべきです（本書Ｑ３－６参照）。

なお、本ガイドライン末尾添付の事例には、カビの発生に賃借人の過失はないと判断したもの（事例23）と、手入れには問題があったが経過年数を考慮するとクロスの貼替えに賃借人の負担すべき費用はないと判断した事例（事例26）があります。

また、カビが発生した事例において「賃借人の管理、すなわちカビが発生した後の手入れに問題があったと言わざるを得ない」として賃借人に２割の責任を認めたものがあります（事例９）。

参考資料（Ｐ.15）では、台所の油汚れの写真が示され、「Ａ（＋Ｂ）」に該当する事例として整理されています。

本ガイドラインにおいては、台所のガスコンロの置き場、換気扇などの油汚れやススについてはどのように判断するのですか。

台所のガスコンロ置き場や換気扇などに発生した油汚れやススについては、賃借人が通常行うべき清掃や手入れを行っていた場合には、賃借人に善管注意義務違反は認められず、原状回復義務も発生しません。

ただ、清掃や手入れを怠っていたことによって生じたものについては、一部賃借人が費用負担すべき場合があります。この場合には、６年間で残存価値が１円になる割合で費用を算出すべきであると思います（本書Ｑ３－６参照）。

賃借人が退去した後、賃貸人が台所やトイレの消毒を行う費用については、次の入居者の確保のためであれば賃借人の管理の範囲を超えているので、賃貸人が負担するのが妥当であると思われます。

なお、本ガイドライン添付の事例では、台所換気扇のヤケ焦げ等について、（改訂前の考え方に基づくものですが）経過年数を考慮して費用を算出したものがあります（事例17）。

参考資料（Ｐ.15）では、台所の油汚れの写真が示され、「Ａ（＋Ｂ）」に該当する事例として整理されています。

本ガイドラインにおいては、エアコンの内部洗浄についてはどのように判断するのですか。

エアコンについては、定期的な内部洗浄をすることが、その機能を維持する観点からも必要だと言われています。

通常の生活においてエアコン洗浄が必ず行われるものであれば、居住者である賃借人が行うべきかもしれませんが、そこまでは言い切れないでしょう。

そのため、賃貸人所有のエアコンであればその洗浄はあくまでエアコンの所有者である賃貸人が行うべきであり、エアコンの内部洗浄については賃貸人の負担とすることが妥当だと考えられています。

ただ、喫煙等による臭い等が付着しているケースにおいては、喫煙が禁止されていれば、当然のことながら善管注意義務違反として原状回復義務の対象になります。

また、禁止されていない場合でも、喫煙による臭いの付着の仕方が通常の住まい方によって生じるとは言い切れないときは、賃借人負担になることが考えられます。

なお、参考資料（Ｐ．７）では、実務では、締結されることが多い特約としてエアコンクリーニング特約が挙げられています。

本ガイドラインにおいては、浴槽、風呂釜についてはどのように判断するのですか。

浴槽や風呂釜についてはキズがついたり破損したりすることはケースとしては少ないと思いますが、やはり通常の使用の仕方ではない方法でキズをつけた場合に、賃借人に善管注意義務が発生し得ることは他の設備と同様です。

破損等の状況があまりにひどく、浴槽、風呂釜等の取替えを実施しなければならないケースにおいては、他の設備等と同様の考え方で、経過年数、入居年数を考慮に入れて原状回復に範囲、つまり賃借人の負担の範囲を決めることになります（本書Ｑ3－6以下参照）。

これに対して、破損等はしていないが、次の入居者を確保するために、新しい浴槽や風呂釜を取り替えて入れる場合は賃貸人の負担と考えるのが妥当と思われます。

なぜなら、そのような取替えはあくまで入居者確保のための、いわば賃貸人の当該物件の維持管理のためであり、いわば商品価値を高めるものとして位置づけられるからです。

本ガイドラインにおいては、鍵の取替え費用はどのように判断するのですか。

賃借人が通常の住まい方、使い方をしている限りにおいて、鍵を紛失したり破損したりすることは少ないでしょう。

もちろん、天災によって紛失した場合や鍵そのものが金属疲労を起こしていたケースにおいては賃借人に落ち度はないこともありますが、賃借人が鍵を紛失したり、鍵以外の用途として用いたことによって破損したりした場合には、賃借人が負担することになります。

これに対して、最近は鍵のコピーが用意にできることから、入居者が入れ替わった場合に鍵を取り替えることがありますが、これはあくまで物件の管理上の問題であり、原状回復義務の問題というよりも建物の管理の問題として捉えられ、賃貸人の負担とすることになります。

本ガイドラインにおいては、庭に生い茂った雑草についてはどのように判断するのですか。

戸建住宅を借りた場合には、庭部分についても賃貸借の対象となります。

そのため、庭についても賃借人としての善管注意義務は及びますから、雑草が生い茂った場合には、草取りを適度に行う必要があります。

この草取りを怠ることは建物の通常の清掃を怠ることとほぼ同様にみなされますから、適切な草取りが実施されなかったことによって、次の入居者が入居するにふさわしい程度に草刈りを実施する必要が生まれた場合には、賃借人の善管注意義務違反として原状回復の対象となることが考えられます。

本ガイドラインにおいては、賃借人の原状回復義務がある場合の義務の範囲（補修工事の対象範囲）についてはどのように判断するのですか。

基本的には、賃借人の居住・使用により発生した建物の価値の減少のうち、賃借人の故意・過失、善管注意義務違反、その他通常の使用を超えるような使用による損耗等を復旧するのに必要な費用を賃借人は負担することになります。

具体的には、可能な限り毀損部分の補修費用相当分となるような限定的なものとすると判断されています。この場合、補修工事は最低限可能な施工単位を基本とします。ですから、畳の場合は最低１枚単位、フローリングの場合は最低１㎡単位、壁（クロス）についても最低１㎡単位を基準とします（本書Ｑ３-12参照）。

これに対して、いわゆる模様合わせ・色合わせのための工事については、原則として賃借人の負担とはしないと判断されていますが、畳や壁（クロス）の場合には補修箇所以外の部分との色の不調和が不自然な場合には、最低単位（１枚または１㎡）を超える修理費用を賃借人が負担するケースも認められています。

修繕の対象によっては、経過年数を考慮して修繕費用を考慮すべきものもあります（本書Ｑ３-６参照）。

本ガイドラインにおいては、畳の原状回復義務の範囲（費用負担の範囲）についてはどのように判断するのですか。

畳については１枚を単位として取り替え、修繕を行うことになります（本書Ｑ４-29参照）。

賃借人の負担部分としては、１枚を単位として検討しますが、毀損部分が複数枚になる時は、全部が原状回復義務に基づく費用負担の対象となる場合もあります。ただ、裏返しか表替えかは毀損の程度によって判断されます。

畳表については消耗品に近いものですから、費用負担を考えるうえでは経過年数は考慮しません。つまり、新しいものであっても古いものであっても、費用負担の範囲は同じということになります（本書Ｑ３-11参照）。

これに対して、畳床についてはカーペットと同じように新品で100%、６年で残存価値が１円となるような割合で費用負担を考慮します。例えば、２年経過したものについては、修理費用の70%弱を賃借人が負担することになります（本書Ｑ３-６参照）。

なお、本ガイドライン末尾添付の事例では、畳表替えは取替えではなく裏返しで十分であったと判断したもの（事例３）、畳の張替えを否定したもの（事例35）があります。

なお、参考資料では、畳の汚れについて写真を記載しております（Ｐ.20）。そのうえで、畳表替えの扱いについて、「Ａ（＋Ｇ）」に該当するものとして賃借人の費用負担は０円としています（Ｐ.23）。

本ガイドラインにおいては、カーペット（クッションフロア）の原状回復義務の範囲（補修工事の対象範囲）についてはどのように判断するのですか。

カーペットやクッションフロアにおいては、洗浄などでは落ちない汚れやキズの処理費用が原則として原状回復義務となりますが、数箇所に渡って存在する場合には、部屋全体の修繕費用が原状回復義務の対象となる場合があり得ます（本書Ｑ４-29参照）。

また、カーペットやクッションフロアについては、新品当時と年数が経過している場合で価値が異なりますので、通常新品当時100％の価値があることを前提として、６年間で残存価値が１円となるような割合で、新品当時を100％、２年後に70％未満に下落するという前提での費用負担を考えることになります。

例えば、新品当時を100％だとすると、２年経過した場合には30％超下落した価値として修理工事を行うことになります（本書Ｑ３-６参照）。

なお、本ガイドライン末尾添付の事例の中には、カーペットにカビが発生したことについての賃借人の責任を２割程度認めた事例（事例９）があります。

ジュータンやカーペットについても、賃借人が通常使用したことによって生じる損耗（通常損耗）については、賃料が支払われている以上賃貸人の負担とすると考えられ、特約があった場合にはその有効性についての判断がなされているようです。

両者に特徴的なものは経過年数をどのように判断するかという点であり、判例は、一般的には、経過年数を考慮したうえで修理費用から一部減額しているのが多いようです（事例29）。

参考資料では、クッションフロアの耐用年数を６年と位置づけています（Ｐ.４）。なお令和４年のアンケートの中では、トラブルに起こりやすい箇所の３番目にカーペット・クッションフロアを挙げています（Ｐ.13）。

本ガイドラインにおいては、フローリングの原状回復義務の範囲（補修工事の対象範囲）についてはどのように判断するのですか。

フローリングに生じたひっかきキズや賃借人の責任による色落ちについては、最も小さい面積での補修工事の範囲（最低施工単位）が１㎡であることから、賃借人の負担する面積についても最小で１㎡になると本ガイドラインでは考えます（本書Ｑ４-29参照）。

すなわち、へこみやキズをつけた範囲が１㎡以下であったとしても、１㎡分の修繕工事費用を原状回復義務として負担しなければならないことになります。

ひっかきキズの範囲が１㎡以上に渡る場合には、当然のことながら、㎡の単位で面積が増えていくことになります。

また、フローリングについては、本書Ｑ３-11で説明したとおり、フローリングが施工された後の経過年数は考慮せず、新築で入居した場合でも中古で入居した場合でも負担金額は変わらないことになります。

本ガイドライン末尾添付の事例の中には、フローリング剤の剝がれについての補修費用を認めた事例（事例39）があります。

参考資料では、フローリングの補修について「部分補修の場合」と「フローリング全体を張り替える場合」に分けて費用の算出方法について説明しています（Ｐ.23）。また、ケーススタディにおいても同様に説明があります（Ｐ.23）。

本ガイドラインにおいては、壁（クロス）、天井の原状回復義務の範囲（補修工事の対象範囲）についてはどのように判断するのですか。とくにタバコのヤニや臭いについてはどうですか。

壁（クロス）については、最初の施工単位が１㎡単位であることから賃借人の原状回復義務の範囲についても、毀損部分等が１㎡未満であったとしても、最低１㎡の範囲での工事（修繕）費用を賃借人が負担することになります（本書Ｑ４-29参照）。

ただし、本ガイドラインでは、毀損部分等の箇所が他の箇所と比べてあまりに目立つために、色や模様合わせを行う必要がある場合には、当該壁１面までの張替え費用を賃借人が負担するとすることが認められています。

さらにタバコのヤニについてもクリーニングでは修繕不可能であり、張替えが必要な程度に汚損している場合には、本来壁一面の修繕費用を賃借人が負担することになりますが、場合によっては、部屋全体の張替え費用を賃借人が負担するとすることも認められています。

なお、壁（クロス）については、６年で新品当時と比べて残存価値が１円となる割合で経過年数を考慮することになります。例えば、２年経過している場合には、新品のときと比較して30％超の価値の下落分を考慮することになります（本書Ｑ３-６参照）。

本ガイドラインのＱ７のほかに末尾添付の事例には、壁クロスの補修工事の対象ならびにその残存価値（改訂前の考え方による）について判断したもの（事例20）、タバコのヤニが付着したことによる壁クロスの変色に関して通常損耗による減価分（減価割合90％）を控除した金額を賃借人が負担するとしたもの（事例31と事例34）があります。

参考資料では、壁（クロス）の補修工事の対象範囲について「破れやキズの場合」の他「喫煙等による変色、臭いの場合」について賃借人の負担金額の計算プロセスの記載をしています（Ｐ.18）。

本ガイドラインにおいては、襖や柱等の建具の原状回復義務の範囲についてはどのように判断するのですか。

襖や柱等の建具の原状回復の範囲については、賃借人が通常の住まい方、使い方ではない方法によって発生した既存部分の補修が、賃借人の原状回復義務の対象となると考えられています。

補修の範囲については、襖については最低１枚を単位として考えます。

なお、襖紙や障子紙はあくまで消耗品であり、減価償却資産とならないので、通常は経過年数を考慮した金額の算出は行われません。

これに対して、襖や障子等の建具部分については、経過年数を考慮しないケースが多いと思いますが、仮に考慮する場合には、建物耐用年数で残存価値１円となるような曲線を想定し、負担割合を算定することになります（本書Ｑ３－６参照）。

本ガイドラインにおいては、設備機器の原状回復義務の範囲についてはどのように判断するのですか。

設備機器について賃借人に原状回復義務が発生する場合、原則として、設備機器の補修費用・交換費用相当分が賃借人の負担となります。鍵の場合には、シリンダーの交換費用が賃借人の費用負担の範囲ということになります。

ただし、設備機器について再改訂版では耐用年数がそれぞれ定められています。

・耐用年数５年のもの
流し台
・耐用年数６年のもの
冷房用、暖房用機器（エアコン、ルームクーラー、ストーブ等）
電気冷蔵庫、ガス機器（ガスレンジ）
インターホン
・耐用年数８年のもの
主として金属製以外の家具（書棚、箪笥、戸棚、茶箪笥）
・耐用年数15年のもの
便器、洗面台等の給排水・衛生設備
主として金属製の器具・備品
・当該建物耐用年数が適用されるもの
ユニットバス、浴槽、下駄箱（建物に付着し一体不可分なもの）

以上の耐用年数を踏まえて、それぞれの年数で残存価値が１円となるような割合で経過年数を判断して考えることになります。

すなわち、入居時点で新品である場合には当初の価値を100%とし、上記耐用年数で１円の価値に下落することを前提として経過年数を考慮に入れて判断することになります。また、入居時にすでに設置されている機器が前賃借人の代から使用されているものである場合には、入居年数で代替することも考慮すべきでしょう（本書Ｑ３－９参照）。

これに対して、鍵については、年数が経過していたことによって価値が下落するわけではないので、経過年数は考慮しないとされています（本書Ｑ３－10参照）。

また、クリーニングについても経過年数は考慮しません。ただし、賃借人負担となるのはあくまで通常の清掃を実施していない場合であり、その場合には、特定の部位もしくは住戸全体の清掃費用相当分を全額負担することになります。

参考資料においては、耐用年数の具体的な記載があります（Ｐ．４）。

第5章
その他

トラブルの迅速な解決方法としてどのような制度がありますか。

原状回復義務の範囲について、賃貸人と賃借人の間でトラブルが発生した場合の紛争処理制度としては、簡易裁判所の訴訟、調停制度が利用されるケースが多いようです。

原状回復義務の争いの多くは、賃貸人が預かっている敷金の中から原状回復費用が差し引かれて賃借人に戻された際に、賃借人がその差引金額（原状回復費用）の金額の是非を争う形で紛争にまで発展するケースがほとんどです。

金額的にはあまり高額ではないので、簡易裁判所の管轄になるケースがほとんどです（民事訴訟法の改正により平成16年４月１日から簡易裁判所の担当する事件が90万円から140万円に引き上げられました）。

また、簡易裁判所には少額訴訟手続があり、これは簡易裁判所が担当する民事訴訟のうち60万円以下（平成16年４月１日以降）の金銭の支払いをめぐるトラブルに限って利用できる制度であり、原則として１回の期日で双方の言い分を聞いたり証拠調べをして判決を言い渡す制度です。１回の期日で終了することを前提としておりますから、証拠書類や証人は審理の日にその場ですぐに調べることができるものに限られています。裁判所は、場合によっては、分割払い、支払猶予、遅延損害金免除の判決を言い渡すこともでき、判決に対して不服がある場合には、不服（異議）を申し立てることができます。

訴訟が明確に権利義務関係をはっきりとさせてしまう制度であるのに対して、話し合いを前提とする裁判所の調停制度があります。

これは、裁判所の調停委員会が複数の調停委員を指名して話し合いによる決着を図る制度で、譲り合いによって条理にかなう実情に即した解決を図ろうとする制度です。話し合いによって合意に至った場合には、訴訟と比べてしこりが残りにくいと言われています。

また、調停成立の際に調停調書を作成すると、訴訟上の和解と同じ効力を持ちますので、場合によっては強制執行できる場合もあります。訴訟で決着をつけるのか、それとも調停によるのかはケースバイケースです。

現在は弁護士会の中に仲裁センターが設置されているところもあり、ここでも弁護士会の指名した委員があっせん・調停、場合によっては仲裁をしてくれます。この点は最寄りの弁護士会に問い合わせるとよいでしょう。

少額訴訟手続とはどのようなものですか。

簡易裁判所には少額訴訟手続があり、これは簡易裁判所が担当する民事訴訟のうち60万円以下（平成16年４月１日以降）の金銭の支払いをめぐるトラブルに限って利用できる制度であり、原則として１回の期日で双方の言い分を聞いたり証拠調べをしたりして判決を言い渡す制度です。１回の期日で終了することを前提としておりますから、証拠書類や証人は審理の日にその場ですぐに調べることができるものに限られています。裁判所は、場合によっては、分割払い、支払猶予、遅延損害金免除の判決を言い渡すこともでき、判決に対して不服がある場合には、不服（異議）を申立てることができます。

裁判外の紛争処理制度としてはどのようなものがありますか。

訴訟による紛争処理以外には裁判所の調停制度がありますが、それ以外に弁護士会の仲裁センターがあります。現在、全国の52の単位弁護士会のうち10個以上の弁護士会は仲裁センターを設置しています。

この仲裁センターとは、弁護士会内に設けられた裁判外の紛争処理機関です。

制度の具体的な内容は各単位弁護士会へ問い合わせる必要がありますが、一般的に「斡旋・調停・仲裁」のそれぞれの制度があり、迅速かつ適切な紛争処理を行う目的で設置されています。

委員は、弁護士の他、専門分野を伴う場合は専門委員（建築士など）が選任されているケースもあるようです。

詳しい内容は各単位弁護士会にお問い合わせください。

第6章
「原状回復をめぐるトラブルとガイドライン」に関する参考資料（令和5年3月）とは

「原状回復をめぐるトラブルとガイドライン」に関する参考資料はどのような経緯から作成されたものでしょうか。

国土交通省は、賃貸住宅の利用促進を目的として平成10年３月に原状回復ガイドラインを発表し、平成16年２月に改訂版、平成23年８月に再改訂版を発表しましたが、消費生活センターによれば、賃貸住宅のトラブル（年３～４万件）の中で敷金返還に伴う原状回復トラブルはその３～４割程度を占めるとされています。

今回、再改訂版をベースに近時の実務の実例を収集し、トラブルになりやすい代表的なケースをとり上げ、とくに本ガイドラインにおける原状回復費用の算定方法をより深く理解するための参考情報として「参考資料」を発表いたしました。

今回発表された「原状回復をめぐるトラブルとガイドライン」に関する参考資料の内容はどのようなものですか。

参考資料は

第１章　原状回復ガイドラインの解説
第２章　退去時のトラブル防止のための留意点
第３章　原状回復の事例
第４章　紛争解決手法
その他参考資料

で構成されています。

第１章は、改正民法で原状回復義務が明文化されたことから、従来のガイドラインの概要を整理し、とくに経過年数と原状回復費用の関係、ならびに賃借人の負担対象範囲について補足説明をしています。

第２章は、公益財団法人日本賃貸住宅管理協会（日管協）、一般社団法人全国賃貸不動産管理業協会（全宅管理）、公益社団法人全日本不動産協会（全日）のアンケート、ヒアリング調査に基づいて

- **契約時、入居時の留意点**
- **入居中の留意点**
- **退去時の留意点**

についてそれぞれ実務的な傾向を踏まえ説明しています。

第３章は、原状回復義務が発生するケースについてそれぞれ典型例となる写真を掲載し、「経過年数の考慮」「賃借人の負担対象範囲」について具体例を交えて

説明しています。

第４章は、紛争解決手段としての概要を説明し、参考資料においては民間賃貸住宅の賃貸借に関する資料についてURLなどを掲載しています。

参考資料の「第１章　原状回復ガイドラインの解説」にはどのような記載がありますか。

本ガイドライン制定の目的（Ｑ６－１ほか参照）と原状回復の定義の他に、賃借人の原状回復義務の内容を確定するためには、建物や設備等の経過年数を考慮すること、また賃借人の負担対象範囲について補修工事が可能な最低限度の施工単位とすること等を確認しています。

賃借人の原状回復義務の対象となるのは、建物や設備の時間の経過に伴う価値の減少のすべてではありません。

また、古くなった設備など最新のものに取り替える場合には建物の価値を増大させることになりますが、このようなグレードアップは原状回復義務の対象ではありません。

この点を明確にしたうえで、実際の原状回復費用の算定において入居後の経過年数をどのように考慮するか、原状回復費用の根拠となる工事費用の算出に際し、補修工事の対象範囲はどのようなものかについてのガイドラインの内容をよりわかりやすく記載しています。

第２章「退去時のトラブル防止のための留意点」にはどのような記載がありますか。

公益財団法人日本賃貸住宅管理協会（日管協）、一般社団法人全国賃貸不動産管理業協会（全宅管理）、公益社団法人全日本不動産協会（全日）のアンケート、ヒアリング調査に基づき、次のような記載があります。

【契約時・入居時】

- 実務で締結されることが多い特約（ハウスクリーニング、エアコンクリーニング）及び特約の内容（ハウスクリーニングについては部屋の広さや間取りに応じて定額の費用を負担する）
- ペット飼育可物件における特約（経過年数を考慮せず賃借人負担とし、消毒・消臭費用を定額で徴収する）の存在
- 喫煙について経過年数を考慮しない特約
- 入居時の物件の状況調査において賃借人と管理会社などが一緒に確認する方法など

【入居中】

- 管理業者からのお願い事項（床に傷をつけないようにカバーなどをつける）
- 床のへこみを防止するマットを敷く、カビ防止のために換気や清掃を行う）ならびに傷をつけた場合の保険加入の実態

【退去時】

- 清算手続の進め方（賃借人立会いの下の点検を行い、修繕等が必要な場所を伝えた上で、後日精算書を送る方法が６割程度）
- 一部（約７％程度）では、賃借人の立会いを求めないで手続を進めている
- 居住年数が長い賃借人の場合には消耗品の原状回復を免除するケースがある

こと

・原状回復に関してトラブルになりやすい部位としては、クロスとフローリングがあること

さらに留意点として、次のような項目が掲げられています。

【契約時・入居時の留意点】

・賃貸住宅を退去する際の原状回復に関して、契約上、民法やガイドラインの内容とは異なる特約が定められている場合があります。退去時の原状回復に関してどのような内容が定められているのか、契約前に十分に確認しましょう。

・判例等においては、賃借人に特別の負担を課す特約が有効に成立するためには、賃借人がその内容を理解し、契約内容とすることに明確に合意している等、一定の要件を満たす必要があるとされています。賃借人が特約の内容等を理解し、納得した上で契約することが重要となります。

・退去時のトラブルを防止するためには、入居時に物件の状態を確認し、確認リストを作成・保管するほか、入居前からあったキズ等についての客観的証拠として写真を撮影しておくことも重要です。

【入居中の留意点】

・賃貸住宅は賃貸人所有の物件であることから、賃借人は、賃貸住宅を善良な管理者としての注意を払って使用する義務を負っています。故意や過失により損耗等を発生させた場合には原状回復費用を負担する必要があります。キズ等をつけたり、汚したりしないよう注意して使用しましょう。

・入居中に修繕が必要な損傷等に気がついた場合は、速やかに管理会社等に連絡しましょう。保険に加入している場合は保険の対象になる場合もあるようです。

【退去時の留意点】

・原状回復費用の請求内容に不明な点がある場合は、管理会社等に請求内容の内訳を確認しましょう。

・そのため、賃貸借契約書の原状回復に関する規定、単価の目安や、特約の有無を確認したうえで、請求書等の内容に疑問や不明点等があれば、管理会社等に相談し、請求内容の内訳や経過年数を判断するための設備の交換時期について根拠等を聞いて確認することが大切です。

第３章「原状回復の事例」にはどのような記載がありますか。

第３章（「原状回復の事例」）は、それぞれの事例に対応した「ケーススタディ」として、具体的な事例に基づいて原状回復費用の算出方法についての具体例を示しています。

事例としては「壁紙（クロス）」、「床（フローリング等）」という費用の発生する事例として最も多い２つのケースをとり上げています。

双方に共通するものですが、賃借人が原状回復義務を負う場合としては「（明らかに通常の使用等による結果とはいえない）住まい方、使い方が悪かったもの」（本ガイドライン上は「Ｂ」で整理されているもの）と「基本的には通常の住まい方、使い方をしても発生するが、その後の管理が悪く、損耗等が発生又は拡大したもの」（本ガイドライン上は「Ａ（＋Ｂ）」と整理されているもの）があります。

第３章では写真付きで「Ｂ」に該当する事例、「Ａ（＋Ｂ）」に該当する事例を説明しています。そのうえで、

・経過年数を考慮すべきか否か（クロスでは考慮しますがフローリングでは考慮しない）

・賃借人が原状回復義務を負う場合の負担対象範囲（クロスは最大で壁一面分まで（喫煙などにより居室全体においてクロスなどが変色したり臭いが付着している場合を除く）、フローリングは１㎡単位で残存価値１円となる直線を想定し負担割合を算定する旨

の説明がなされています。

そのうえでクロス、フローリング、畳表替え、クリーニングの事例において、

その状態（負担対象範囲など）、修繕範囲（面積、畳枚数など）、単価、修繕費用（合計額）の考え方について説明しています。

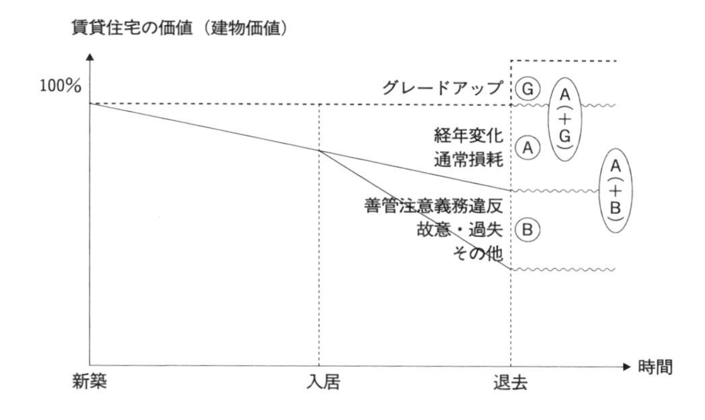

A：賃借人が通常の住まい方、使い方をしていても、発生すると考えられるもの

B：賃借人の住まい方、使い方次第で発生したり、しなかったりすると考えられるもの（明らかに通常の使用等による結果とは言えないもの）

A（＋B）：基本的にはAであるが、その後の手入れ等賃借人の管理が悪く、損耗等が発生または拡大したと考えられるもの

A（＋G）：基本的にはAであるが、建物価値を増大させる要素が含まれているもの

⇒このうち、B及びA（＋B）については、賃借人に原状回復義務があるとしました。

第3章での原状回復事例で扱っている「壁紙（クロス）」にはどのような記載がありますか。

壁紙（クロス）について、本ガイドラインの「B」に該当する事例（明らかに通常の使用等による結果とはいえないもの）と「A（＋B）」に該当する事例（通常の住まい方、使い方をしても発生するが、その後の手入れなど賃借人の管理が悪く、消耗等が発生又は拡大したもの）を写真で紹介しています。

【Bに該当する事例】

・たばこなどのヤニ・臭い

クロスなどがヤニで変色したり臭いが付着している場合はBに該当することが多いと指摘しています。なお契約書において「禁煙」を約束している場合は必ずBに該当すると考えてよいでしょう。

・ペットによる傷・臭い

この点も賃借人負担と判断される場合が多いとの指摘があります。なおペット禁止の特約がある場合には必ず賃借人負担となります。なお参考資料ではペット飼育可物件でペットによる損耗は全て賃借人負担とすると特約している場合があると指摘しています（P.8）。

・落書き

故意による毀損に当たる場合が多いとされています。

・破れ、傷

故意、過失、善管注意義務違反に当たるかどうかがポイントとなります。

【A（＋B）に該当する事例】

・台所の油汚れ

手入れが悪く、ススや油が付着している場合は通常の使用による損耗を超えると判断される場合が多いとの指摘があります。

・結露を放置したことにより拡大したカビ

結露は建物の構造上の問題であることが多いですが、結露の発生を賃貸人に通知せず、ふき取るなどの手入れを怠り、壁などを腐食させた場合は、通常の使用による損耗を超えると判断される場合が多いと指摘しています。

第３章では壁紙（クロス）の原状回復の事例について経過年数の考慮についてどのような記載がありますか。

経過年数の考慮については、

・入居時にクロスが張り替えられている場合
・入居時にクロスが張り替えられていない場合
・退去時にクロスの耐用年数が６年を過ぎている場合

に分けて説明されています。

クロスの耐用年数が６年であることを前提として、入居時にクロスが張り替えられている場合（新品の場合）は、３年後に退去する場合には賃借人の負担割合は50%まで低下し、原状回復費用の50%が賃借人の負担となります。４年８ヶ月で退去する場合にはその負担割合は約22%（１－（56÷72））になります。

これに対して入居時にクロスの経過年数が３年の場合には、これに入居年数３年を加えた年数（６年）が退去時の経過年数となります。

なお、入居時のクロスの経過年数が明確でない場合は契約当事者で予め協議して決定することになります。

６年の耐用年数を過ぎている場合には、賃借人の負担割合は１円（≒０%）になります。ただし、経過年数を過ぎている場合にも賃借人は善管注意義務違反を負っていますので、「賃借人の故意・過失による破損等がなければ継続してクロスが使用可能な場合、例えば故意にクロスに落書き等を行った場合には、修繕等の工事費用の一部を負担することが求められることになります。

第3章では壁紙（クロス）の原状回復の事例について賃借人の負担対象範囲についてどのような記載がありますか。

賃借人の負担対象範囲としては、1㎡単位を前提とします。

ただ、毀損箇所のみの貼り替えでは、その部分が色違いになるので明確に判別できる状態となり、建物価値の減少を復旧できない場合は1面分まで賃借人負担とすることはやむを得ないとされます。

この点参考資料では、「部屋全体のクロスの色・模様を一致させることは『賃貸物件としての商品価値の維持・増大』という側面が大きく、これを賃借人の負担とするのは妥当でない」との記載があります。ただし、喫煙等により居室全体においてクロス等が変色したり、臭いが付着している場合は除く（部屋全体となる）ものとされています。

この考え方を前提として

- **8畳の部屋（天井の面積：13㎡、左右の面積：各10㎡、窓側・扉側の壁の面積計：7㎡）**
- **原状回復の工事費用単価（㎡：1200円、新築時から4年入居後退去）**

を条件として賃借人の負担金額についての考え方を記載しています。

詳細は参考資料をご参照ください。

なお、計算例の単価より工事単価が高い場合もあり、また工事単価とは別に廃材処分費等の費用が掛かる場合もある旨の記載がありますので注意しましょう。

第３章では床（フローリング等）の原状回復の事例についてはどのような記載がありますか。

床（フローリング等）について、本ガイドラインの「Ｂ」に該当する事例（明らかに通常の使用等による結果とはいえないもの）と「Ａ（＋Ｂ）」に該当する事例（通常の住まい方、使い方をしても発生するが、その後の手入れなど賃借人の管理が悪く、消耗等が発生または拡大したもの）を写真で紹介しています。

その上で以下のとおり整理しています。

【Ｂに該当する事例】

・フローリングの破損

賃借人の不注意でフローリングが破損している場合には通常の使用による毀損等を超えるものと判断されるものが多いとされます。

【Ａ（＋Ｂ）に該当する事例】

・フローリングのシミ、カビ及び畳の汚れ

飲み物等をこぼすこと自体は通常の生活の範囲と考えられますが、その後の手入れを怠ったことにより発生、拡大したシミ、カビは通常の使用による損耗を超えると判断される場合が多いと記載されています。

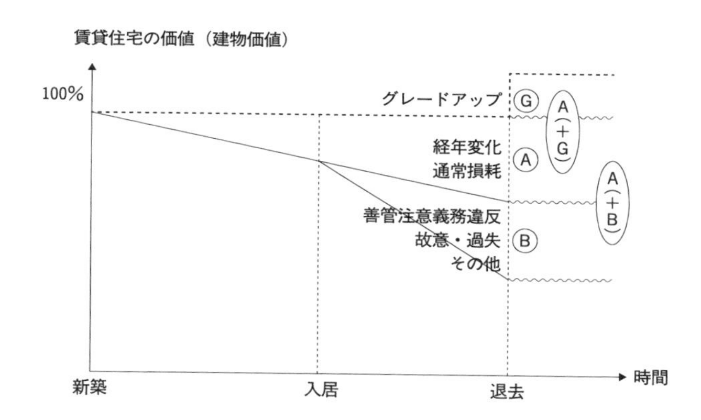

A：賃借人が通常の住まい方、使い方をしていても、発生すると考えられるもの

B：賃借人の住まい方、使い方次第で発生したり、しなかったりすると考えられるもの（明らかに通常の使用等による結果とは言えないもの）

A（＋B）：基本的にはAであるが、その後の手入れ等賃借人の管理が悪く、損耗等が発生または拡大したと考えられるもの

A（＋G）：基本的にはAであるが、建物価値を増大させる要素が含まれているもの

⇒このうち、B及びA（＋B）については、賃借人に原状回復義務があるとしています。

第３章では床（フローリング等）の原状回復の事例について経過年数及び賃借人の負担対象範囲についてどのような記載がありますか。

壁紙（クロス）と異なり、フローリングは、原則、経過年数を考慮しません。

これは長期間の使用に耐えられ、部分補修が可能なフローリングについては、経過年数を考慮する必要がないと考えられるからです。

賃借人の負担対象範囲については、１㎡単位で賃借人が原状回復費用を負担することになります。ただし、フローリング全体を張り替える場合には、建物耐用年数で残存価値１円となるような直線を想定し負担割合を想定します（考え方は壁紙（クロス）の場合と同様です）。

なお、ガイドラインにおいては

- **８条の部屋（フローリングの面積：13㎡）**
- **原状回復費用の工事費単価（㎡）：１万5000円**
- **アパート（築10年、木造）に４年入居後、退去**

を前提とした計算の仕方が記載されています。

ただし、経過年数を考慮しないのは部分補修の場合だけです。「フローリング全体の毀損による張り替え」の場合は建物の壁紙（クロス）と同様に耐用年数を用いて経過年数を考慮するものとされていますので注意しましょう。

第３章のケーススタディではどのようなことが記載されていますか。

以下の条件での原状回復費用の計算の考え方が記載されています。

・マンション（築16年、ＲＣ造、２LDK）
・入居年数４年
・敷金12万円
・修繕工事の内容

❶クロス	入居時に貼り替えたリビングクロス30㎡のうち２面（15㎡）に子供の落書があり、クロス全面を張り替え（単価１万2000円／㎡） 修繕費用：３万6000円
❷フローリング	傷やへこみが洋室（10㎡）の全体に存在するためフローリング全体を貼り替え（単価１万5000円／㎡） 修繕費用：15万円
❸畳表替え	６畳の和室のうち２畳分について日照による変色あり、畳６畳分表替え（単価5000円／畳） 修繕費用：３万円
❹クリーニング	全室について掃除（単価５万円） 修繕費用：５万円

上記を前提として

・クロス・フローリング	→「B」に該当
・畳表替え費用	→「A（+G)」に該当
・クリーニング費用	→「A」に該当

これを前提としてクロスとフローリングの修繕費用の算出の仕方について記載しています。

【参考資料の記載されている計算の概要】

❶ クロスの修繕費用

・「落書き等の故意による毀損」はBに該当し、賃借人に原状回復義務あり

⇩

・クロスの耐用年数は6年なので、「6年で残存価値1円となるような直線を想定し、負担割合を算定」する。入居時に張替えがなされ、退去時には4年経過しているので、賃借人の負担割合は1－4/6＝1/3となる。

⇩

・クロスについては、「賃借人が毀損させた箇所を含む1枚分まではやむを得ない」ので、落書きは2面にあるため、賃借人の負担はクロス2面分（15㎡）となる。

⇩

・以上から、クロスの修繕費用に係る賃借人の負担額は、1,200円/㎡×15㎡×1/3＝6,000円　となる。

❷　フローリングの修繕費用

・「賃借人の過失によって生じたキズ」はＢに該当し、賃借人に原状回復義務あり

⇩

・賃借人の過失により生じたキズやへこみが洋室全体に存在するため、フローリング全体（10㎡）の修繕が必要となる。フローリングの全体修繕の場合は、当該建物の耐用年数で残存価値１円となるような直線を想定し、負担割合を算定するところ、RC 造のマンションの耐用年数は47年で、新築の状態から20年が経過しているので、賃借人の負担割合は１－20/47＝27/40となる。

⇩

・以上から、フローリングの修繕費用に係る賃借人の負担額は、15,000円 /㎡×10㎡×27/40＝86,170円　となる。

❸　畳表替費用と、❹　クリーニング費用

は、Ａ、Ａ（＋Ｇ）、Ｇに該当し、賃借人の負担なし

⇩

・以上から、修繕費用266,000円のうち賃借人が負担する原状回復費用は、❶＋❷の92,170円となり（残りの173,830円は賃貸人の負担）、敷金12万円から92,170円が差し引かれ、27,830円が賃借人に返還される。

※クロスの耐用年数＝６年ですので、「６年で残存価値１円となるような直線を想定し、負担割合を算定する。」ことになります。

⇒入居時に張り替えられており、退去時には４年間が経過しているため、賃借人の負担割合は１－４/６＝１/３（33.3%）になります。

「紛争解決手法」にはどのような記載がありますか。

原状回復費用に関する紛争については基本的に

・話合いによる解決
・（話合い以外の）紛争処理手続

があります。

アンケート結果では話合いによる決着は90%以上であり、大部分を占めていることが分かりました。

一方で、

・話合い以外での紛争処理手続
・通常訴訟
・少額訴訟
・民事調停
・ADR（裁判外紛争解決手続）

について平均審理期間、手数料、本人による手続率の他、実施機関（簡易裁判所か否か）、秘密の保護（公開又は非公開）、要件、メリット・デメリットについて整理しています。

その他少額訴訟ならびに民事調停の手続ならびにADRの手続についての説明をしています。

「原状回復をめぐるトラブルとガイドライン」に関する参考資料に添付されているものはどのようなものでしょうか。

参考資料としては、QR コード及び URL を示して以下の内容の記載があります。

(1) 民間賃貸住宅の賃貸借契約に関する資料

■「原状回復をめぐるトラブルとガイドライン」について

https://www.mlit.go.jp/jutakukentiku/house/jutakukentiku_house_tk3_000020.html

原状回復に関するトラブルの未然防止と円滑な解決のために、契約や退去の際に賃貸人・賃借人双方があらかじめ理解しておくべき一般的なルール等を示したガイドライン

■『賃貸住宅標準契約書』について

https://www.mlit.go.jp/jutakukentiku/house/jutakukentiku_house_tk3_000023.html

賃貸借契約をめぐる紛争を防止し、借主の居住の安定及び貸主の経営の合理化を図ることを目的として作成した、賃貸借契約書のひな形（モデル）

■極度額に関する参考資料

https://www.mlit.go.jp/common/001227824.pdf

極度額の設定にあたり参考となるデータ（家賃債務保証業者の損害額等）のとりまとめ

■民間賃貸住宅に関する相談対応事例集～賃借物の一部使用不能による賃料の減額等について～

https://www.mlit.go.jp/common/001230068.pdf

賃借物の一部滅失等の場合の賃料減額の基本的な考え方等のとりまとめ

■改正民法施行に伴う民間賃貸住宅における対応事例集

https://www.mlit.go.jp/jutakukentiku/house/content/001399740.pdf

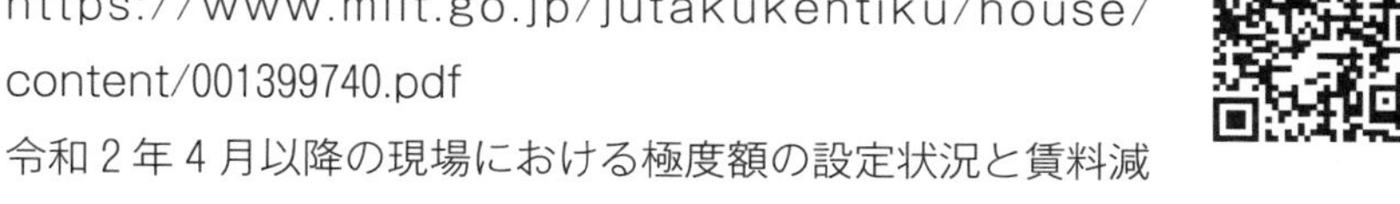

令和2年4月以降の現場における極度額の設定状況と賃料減額等の実施状況等のとりまとめ

■残置物の処理等に関するモデル契約条項

https://www.mlit.go.jp/jutakukentiku/house/jutakukentiku_house_tk3_000101.html

単身の高齢者が死亡した際に契約関係及び残置物を円滑に処理できるように、賃借人と受任者との間で締結する賃貸借契約の解除及び残置物の処理を内容とした死後事務委任契約等に係るモデル契約条項

■民間賃貸住宅に関する相談対応事例集（再改訂版）

https://www.mlit.go.jp/jutakukentiku/house/jutakukentiku_house_tk3_000117.html

民間賃貸住宅の賃貸借関係紛争にかかる主な相談と考えられるものについて項目別に整理、想定質問を作成し、その対応について例として示した事例集

(2) 紛争解決手法に関する資料

■少額訴訟

https://www.courts.go.jp/saiban/syurui/syurui_minzi/minzi_04_02_02/index.html

■民事調停手続

https://www.courts.go.jp/saiban/syurui/syurui_minzi/minzi_04_02_10/index.html

■ ADR「民間賃貸住宅の賃貸借関係をめぐるトラブルを抱えている借家人や家主のみなさまへ」

https://www.mlit.go.jp/common/001337634.pdf

■著者略歴

犬 塚　浩（いぬづか　ひろし）
弁護士（第二東京弁護士会）

【プロフィール】

昭和36年７月22日生まれ
昭和59年３月　慶應義塾大学　法学部　政治学科卒業
昭和61年３月　同学部　法律学科卒業
平成２年11月　司法試験合格
平成５年４月　弁護士登録（第二東京弁護士会）
平成22年度社会資本整備審議会住宅宅地分科会「民間賃貸住宅部会」臨時委員
同「既存住宅・リフォーム部会」臨時委員
国土交通省「中古住宅の検査及び性能表示等に関する検査枠組み検討委員会」委員
同「中古住宅・リフォームトータルプラン検討会」委員
国土交通省住宅局住宅総合整備課「賃貸住宅に関するルールのあり方研究会」委員
同「賃貸住宅に係る紛争等の防止方策検討ワーキングチーム」主査
同「賃貸住宅標準契約書改訂検討委員会」座長
同「原状回復ガイドライン検討委員会」副委員長
財団法人住宅リフォーム・紛争処理支援センター「住宅紛争処理運営協議会幹事会」委員
財団法人ベターリビング評議員
同「優良住宅部品認定諮問監視委員会」委員
日本弁護士連合会住宅紛争処理検討委員会委員
第二東京弁護士会住宅紛争審査会運営委員会委員

【主な著作】

「Ｑ＆Ａ住宅品質確保促進法解説」
（建設省（当時、現在国土交通省）住宅局住宅生産課監修　三省堂）
「10年住宅保証100問100答」　（編著　ぎょうせい）
「住宅性能表示100問100答」　（編著　ぎょうせい）
「住宅紛争処理100問100答」　（編著　ぎょうせい）
「建築請負・住宅販売・不動産業における消費者契約法100問100答」　（編著　ぎょうせい）
「建築紛争処理手続の実務」　（編著　青林書院）
「Ｑ＆Ａ高齢者居住法」　（編著　ぎょうせい）
「Ｑ＆Ａマンション建替法」　（ぎょうせい）
「Ｑ＆Ａ中古住宅性能表示」　（ぎょうせい）
「住宅リフォームマニュアル事典」　（編著　産業調査会）
「建築瑕疵紛争処理損害賠償額算定事例集」　（編著　ぎょうせい）
「新・裁判実務大系27「住宅紛争訴訟法」」（編著　青林書院）
「Ｑ＆Ａ　わかりやすい　“賃貸住宅の原状回復ガイドライン”の解説と判断例」
（大成出版社）
「建設・土木工事における反社会的勢力排除の基礎知識Ｑ＆Ａ」　（監修　ぎょうせい）
「住宅の保険事故事例集」　主査　（住宅瑕疵担保責任保険協会）
「住宅リフォーム・トラブルの法律知識　いま業者として何をすべきか！」
著書（大成出版社）
「大家さん・賃貸住宅管理業者等のための住宅セーフティネット制度活用ハンドブック【Ｑ＆Ａ解説】」
編著（大成出版社）
「建築紛争における損害賠償算定基準」共著　（大成出版社）

Q&A　わかりやすい
“賃貸住宅の原状回復ガイドライン”［再改訂版］の
解説と判断例（令和5年3月補訂）

2004年8月30日　第1版第1刷発行
2012年2月28日　第2版第1刷発行
2013年8月12日　第2版第2刷発行
2024年3月7日　第3版第1刷発行

著　者　弁護士　犬　塚　　浩

発行者　箕　浦　文　夫
発行所　株式会社大成出版社
東京都世田谷区羽根木1－7－11
〒156-0042 電話番号 03(3321)4131(代)
https://www.taisei-shuppan.co.jp

印刷　信教印刷

落丁・乱丁はおとりかえいたします。

ISBN978-4-8028-3556-5